대치동 초등 로드맵

학부모 시크릿 설명회 특급 노하우

대치동 초등 로드맵

손아름 지음

타임북스
TIME BOOKS

목차

서문 초등 저학년부터 탄탄대로 입시 성공을 위하여 8

1부 성공하는 입시 뒤에는 무엇이 있나

국어를 빼놓고는 입시 성공을 논하지 말라 12
점점 높아지는 수학의 변별력 15
이과 공화국, 과학에서 답을 찾다 20
내 아이만의 로드맵을 치밀하게 계획하다 22
로드맵이 가능하도록 습관을 디자인하자 23

2부 알면서도 뒷전으로 미루는 국어 교육

영어에는 그렇게 힘을 쏟으면서 국어는? 28
결국 입시에서 부딪히는 한계 32
어휘의 한계가 곧 내가 사는 세상의 한계 39
단단한 독해력이 타 과목에 미치는 영향 42
입시 성공을 위한 올바른 국어 공부 44
국어 문제집 선택 노하우 48
국어 학원 선택 노하우 51

3부 엄친아 엄친딸의 탄생 배경, 논리학

수·과학 잘하려면 국어를 잘해야 한다? ... 56
고3 때 성적이 급등했다면? 기본 국어 실력이 남다를걸! ... 59
수·과학 문제에서 성패를 가르는 논리학 ... 60
다양한 경험을 기반으로 하는 문제 해결력 ... 62

4부 왜 수학인가

중요한 과목으로 수학을 첫손에 꼽는 이유 ... 68
입시를 빼놓고 수학을 논할 수 없어 ... 69
선행을 하는 근본적인 이유는 입시 ... 71
고학년일수록 역전하기 힘든 수학 ... 75
논리적 생각 습관을 길러주는 수학 ... 80

5부 수학 공부, 어떻게 시작할까

교구 수학, 연산 학습지, 사고력 수학에 대한 솔직한 이야기 ... 84
대치동 최상위권은 처음 수학을 어떻게 시작하나 ... 87
연산은 언제, 어떤 속도로 시작해야 할까 ... 88
암산 잘하는 습관이 필요할까 ... 91
많고 많은 학습지, 어떤 걸 선택할까 ... 92
사고력 수학의 필요성 ... 95
생각하는 법이 아니라 스킬의 늪에 빠질 수 있다 ... 96
교구 수업은 활용서 독파 후에 ... 98

6부 수학 선행, 이렇게만 따라오면 성공!

- 대치동 아이들은 수학 선행 장난 아니죠? — 102
- 선행이 부정적인 이미지를 뒤집어쓴 이유 — 104
- 개념 이해가 잘되어 있다면 문제없다 — 105
- 선행 없이 입시 성공할 수 있을까 — 106
- 미친 선행을 조장하는 불안·공포 마케팅 — 108
- 학원만 의지 말고 가정학습 시간 확보하라 — 110
- 여러 과정 동시 진행은 자제하라 — 113
- 방학 활용해 수학 구멍 메우기 대작전 — 116
- 초등일수록 다른 교과목과 밸런스 유지해야 — 118
- 수학 문제집 & 학원 선택 노하우 — 119

7부 대치동과 타 지역의 가장 큰 차이는 과학

- 치밀한 로드맵일수록 남다른 과학 — 124
- 과학은 천천히 시작해도 된다는 이상한 믿음 — 125
- 과학적 호기심은 지식을 빨아들이는 지름길 — 127
- 실험 과학 vs 이론 과학 — 129
- 영재원에서 가장 많이 선발하는 과학 영재 — 131
- 초등생이 관심 가져볼 만한 과학대회 — 137
- 가장 효율적인 과학 학습 로드맵 — 140

8부 나는 내 아이의 로드맵 전문가여야 한다

- 저학년일수록 중장기 로드맵에 관심 가져라 — 146
- 엄마의 마음을 여유 있게 해주는 로드맵 — 147
- 내 아이를 위한 로드맵 — 150

이것만은 알고 로드맵을 구성하라	153
입시 흐름을 익히려면 계속 공부하라	153
온라인 설명회를 적극 활용하라	157
로드맵 짜기 실전 예시	162

9부 나는 내 아이의 준비된 맞춤 강사다

초등생에게 꼭 필요한 엄마표 학습지도	168
'무조건 학원'도, '무조건 엄마'도 답은 아니다	170
엄마표 학습 성공하려면 엄마부터 준비되어야 한다	171
참을 인 자를 새기고 또 새겨라	174
제일 가르치기 어려운 초등 수학	175
학습 약점 발견하려면 후행 진도에 관심을	176
메타인지력을 키우는 엄마표 학습 세 가지	178

10부 극상위권을 향한 학습 태도와 습관 관리

가성비 좋은 아이로 키워라	186
암기는 촌스러운 공부가 아니다	188
듣자마자 머리에 집어넣으려고 기를 쓰는 아이로 키워라	192
공부 잘하는 아이 치고 플래닝 안 하는 아이 없다	193
유의미한 반복과 숙지로 효율 높여야	196
'학습에 대한 긍정적인 태도'가 중요하다	198

부록1 2015 개정 교육과정 수학 커리큘럼   204

부록2 백지 테스트 및 플래너 예시   210

감사의 말   214

서문

초등 저학년부터 탄탄대로 입시 성공을 위하여

"원장님, 초등학생인데 뭐부터 어떻게 시작해야 할까요?"

대한민국 사교육 1번지이자 가장 치열한 변화의 중심인 대치동에서 10년 넘게 초·중등 수학 강사와 원장을 하며 학부모들에게 가장 많이 들은 질문 중 하나입니다. 많은 초등 저학년 학부모들이 금쪽같은 내 아이를 위해 가장 좋은 것을 주고 싶은 마음만 앞서고 좌충우돌 시행착오를 겪으며 발을 동동 구르고 있는 경우가 많습니다. 필자는 이런 학부모들을 위해 10년 넘게 쌓은 생생한 입시 성공 노하우를 이 책에 담아 전하고자 합니다.

사실 좋은 정보는 얼마든지 쉽게 많이 얻을 수 있습니다. 중요한 건 '실천'입니다. 백날 공부법 관련 도서를 정독하고 각종 교육 방송을 섭렵한들 정작 실천이 따르지 않는다면, 학부모는 학부모대로, 아이는 아이대로 실패 경험만 쌓일 뿐 입시 성공과는 멀어질 수밖에 없습니다. 시행착오를 겪으면서 그 경험을 토대로 성장해야 하는 이는 자녀이지 학부모가 아닙니다. 학부모는 긴 안목으로 가능한

한 탄탄한 길을 만들어주고 그 안에서 자녀가 도전과 성취를 경험하며 성장하도록 해야 합니다. 아이 교육은 실전이지 연습이 아니니까요. '이것도 경험이다'라며 시행착오를 겪을 대로 겪고 입시에서 살아남는 경우는 사실상 없다고 봐야 합니다. 실제로 초등 고학년만 되어도 상위권 친구들과 학습 격차가 벌어지는 것을 보면서 맥을 잡지 못하고 공부를 놓아버리는 경우도 허다합니다.

이 책에는 장기적인 안목으로 입시 성공 플랜을 짜고 싶은 미취학 및 초등 저학년 학부모가 꼭 알아야 할 정보와 실천 지침들로 채웠습니다. 초등 저학년 때 시간과 돈을 낭비하지 않고 험난한 입시 현장에서 중심을 잡으며 자녀를 안내할 수 있게 해줍니다. 무엇보다 변화무쌍한 대한민국 입시의 최전선에 있는 입시 전문가의 관점으로 지극히 현실적인 조언을 드릴 것입니다. 이 책은 '입시 성공'이라는 최종 목표에 도달하기까지 순탄하고 경제적이고 효율적인 최적의 방법을 제시합니다.

애정 어린 당부의 말씀을 드리자면 이 책을 읽고 나서도 실천을 차일피일 미루거나, 맘카페와 '옆집 엄마' 말에 휘둘려 이것저것 시도하다가 뒤늦게 혼란에 빠지는 일은 없었으면 합니다. 자녀의 학습과 진로를 위해 철학과 중심을 바로 세우는 학부모가 많아졌으면 하는 간절한 소망을 담아 이야기를 시작합니다.

2022년 2월
손아름

1부

성공하는 입시 뒤에는 무엇이 있나

01

국어를 빼놓고는 입시 성공을 논하지 말라

대치동에서 십수 년째 초·중등부에 몸담고 있다 보니 '초·중등 교육 전문가'라는 꼬리표가 달리면서 초등 학부형이 된 지인들에게 고민을 듣는 일이 늘고 있다. 얼마 전 이제 막 초등 고학년이 된 아들을 둔 대학 선배의 깊은 괴로움이 담긴 전화를 받았는데 요약하면 다음과 같다.

"손 원장! 우리 아들이 5학년인데, 아내가 국어 학원을 보내야 한다는 거야. 요즘 아이들 독해력이 부족하다는 둥 수능 국어가 어려워졌다는 둥 조바심을 내더라고. '국어가 어려워봤자지. 내가 소싯적에 수능 언어영역은 눈부시게 했지' 하며 재미 삼아 올해 수능 모의평가 국어 문제를 풀어봤는데, 이게 웬일이야. 문제 자체가 난해해서 손도 못 대겠는 거 있지. 아내에게 당신 좀 유난스럽다고 나무

랐는데 결국 인정할 수밖에 없게 되니까 괜히 기분이 언짢아졌달까? 우리 아이가 이대로 고등학생이 된다면 과연 저 문제를 풀 수 있을까 싶더라고. 수학이랑 영어만으로도 빠듯하다고 생각했는데 국어라니. 더구나 이게 입시 변별력이라는데, 눈앞이 캄캄해졌어. 그렇다면 지금부터 뭘 어떻게 해야 할까?"

자녀가 초등 고학년이나 중학교 1학년이 되면 영어, 수학에 씌었던 콩깍지가 슬쩍 벗겨지면서 이와 같은 고민을 토로하는 학부모가 급속하게 늘어난다. 조금 더 적나라하게 이야기하면 영어, 수학에 시간과 비용과 에너지를 온통 쏟아부었으나 별 소득도 없고, 고학년 때는 국어가 중요하다고 해서 학원이나 등록하려고 입학 테스트를 했는데 충격적인 결과를 듣고 하소연하는 경우도 많다.

실제로 필자는 초등 저학년 학부모들을 상담할 때 다음과 같은 말을 가장 많이 한다.

"어릴 때 영·수에 올인하면 밸런스 다 무너집니다."

"길게 보면 국어가 정말 큰 변별력이에요."

"나중에 후회하게 되니 지금부터 국어에 투자해야 합니다."

하지만 학부모들은 상담할 때만 고개를 끄덕일 뿐 뒤돌아서면 당장 눈앞에 있는 영어와 수학 과목의 무게에 짓눌려 대부분 국어를 뒤로 미룬다. 국어, 독서, 논리학이 결국에는 입시에서 가장 중요한 바탕이 되고, 무엇보다도 현재 수능 체제에서 국어가 큰 변별력이 있는데도 왜 초등 국어 교육이 영어나 수학에 비해 늘 뒷전으로 밀리는 것일까? 고등학교부터 역산하여 초등 저학년, 미취학에 이르기까지 다양한 영역으로 멋진 커리큘럼이 만들어지는 타 교과목에 비해 왜 국어는 초등 단계까지 체계화되지 못하는 것일까?

이런 고민에 답이 되었던 일이 있었다. 초등 저학년만을 위한 대치동 시크릿 설명회에서 만난 어느 학부모의 사연이다.

"제가 첫째 아이, 둘째 아이 다 대학 보내고 늦둥이 키워서 이제는 알아요. 국어가 엄청 중요하단 걸요. 그리고 뒤늦게 시작해서는 잘 안 된다는 것도요. 큰애들 때는 그걸 몰랐거든요. 그때도 누가 옆에서 다 얘기해준 것 같은데 귓등으로도 안 들었어요. 무조건 수학만 달렸죠. 그런데 참 이상해요. 이번 막내 때도 옆에서 수학 달리는 애들 보면, 그리고 젊은 엄마들 이야기 듣다 보면 또다시 마음이 흔들려요."

수능 독서 영역의 지문은 평균 1,800~2,000자가량이고, 상위권 학생들은 평균적으로 원고지 5~6매 분량의 글을 1분 안에 읽어야 한다. 이런 빠른 읽기 및 해석 능력은 고학년이 되면서 자연스럽게 형성되는 것이 아닐까 생각할 수도 있다. '자연스럽게 형성된다'는 표현도 매우 주관적인 데다가 어떤 경우에는 미취학 때부터 독서나 국어 공부에 할애하는 시간이 거의 없었는데도 당연히 나이가 차면 이 모든 것을 감당할 수 있으리라고 생각하는 경우가 많은 것 같다.

하지만 안타깝게도 고교 이전의 교과 학습으로 자연스럽게 길러지는 평균 능력치로는 수능이나 고등 내신 문항에서 요구하는 수준을 충분히 감당할 수가 없다고 보면 된다. 이미 초등에서도 "수학 서술형 문제만 나오면 영 감을 못 잡아요", "애가 사회 교과서를 읽으면 무슨 말인지 이해를 못 해요"라고 수많은 부모가 말하는 것만 보더라도 국어 교육이 얼마나 뒤처져 있는지 짐작할 수 있다.

초등 저학년부터 읽기 연습을 해야 한다는 것은 자명한 사실이다. 또 현재 대입에서 핵심 변별력은 국어이고, 그 안에서도 빠른 독해력과 정확한 논리 추론 능력을 요구하며 폭넓은 어휘 능력과 배경지식을 갖추어야만 한다. 비단 입시에서 결정적인 역할을 하는 것뿐 아니라 그 어떤 과목을 공부할 때도 정확한 읽기와 핵심 내용 파악하기와 같은 독해 연습, 어휘의 양 늘리기, 논리적인 언어 사고 능력 배양은 앞으로의 수많은 공부를 위한 필수 작업이다. 이 모든 것이 초등 미취학 때부터의 가장 큰 과업 중 하나라고 감히 단언할 수 있다.

점점 높아지는 수학의 변별력

수학은 앞으로도 많은 페이지를 할애할 것이기에 여기에서는 입시에서 수학의 중요성, 입시 성공을 위해서는 수학의 어떤 부분에 주목해야 하는지에 대해서만 간단히 짚어보겠다.

입시는 크게 대입, 고입으로 나눌 수 있다. 여기에서 고입은 특목고 입시를 의미하는데, 현행 입시 제도에서 유의미하게 살아남은 특목고는 과학영재학교(이하 영재교)와 과학고라고 할 수 있다. 이곳은 수·과학 분야에 특기를 가진 학생이 집중적으로 영재 교육을 받는 곳이다. 당연히 입학 절차에 수·과학에 대한 열정, 지식의 깊이에 대한 검증이 포함되는데, 중학교 수학이라고 하기에는 일반 내신의 그것과는 결이 다르다. 공개된 문제를 보면 다음과 같다.

그림과 같은 $AB=12, AE=s, AD=54$인 직육면체 $ABCD-EFGH$가 있다. 점 P는 변 AD 위를 A에서 D 방향으로 매초 3의 속도로 움직이고, 점 Q는 변 BC 위를 B에서 C 방향으로 매초 2의 속도로 움직이고, 점 R은 변 FG 위를 F에서 G 방향으로 매초 6의 속도로 움직인다. 세 점 P, Q, R는 각각 A, B, F를 동시에 출발해서 점 R이 G에 도착할 때까지 움직일 때, 다음 물음에 답하여라.

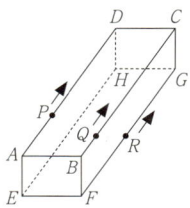

(1) 이 직육면체를 세 점 P, Q, R를 지나는 평면으로 잘랐을 때, 단면이 마름모꼴이 되는 것은 세 점이 출발하고 나서 몇 초 후인가? 또 그때의 단면 면적을 구하여라.

(2) 이 직육면체를 세 점 P, Q, R를 지나는 평면으로 잘랐을 때, 꼭짓점 A를 포함하는 쪽 입체의 체적이 원래 직육면체 체적의 $\frac{1}{3}$이 되는 것은 세 점이 출발하고 나서 몇 초 후인가?

한 변의 길이가 1인 정사각형을 그림과 같이 밑변과 높이에 평행한 두 직선을 이용하여 네 개의 직사각형 A, B, C, D로 분할하였다. A, B, C, D의 넓이를 각각 S_A, S_B, S_C, S_D라 할 때, 다음 물음에 답하여라.

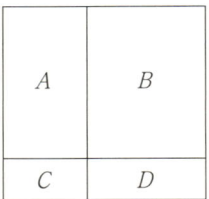

(1) 만일 A가 정사각형이라면 $S_B \leq \frac{1}{4}$임을 보여라.

(2) 만일 $S_A > 2S_C$라면 $S_B > 2S_D$이고 $S_D < \frac{1}{3}$임을 보여라.

(3) 넓이의 비를 $S_A : S_B : S_C = 1 : 2 : 3$이 되도록 분할할 때 C의 밑변과 높이, 그리고 S_D를 구하여라.

이런 시험에는 아주 일부만 응시하는 것이니 우리 아이와는 관련이 없다고 생각할 일이 아니다. 왜 영재교, 과학고 이슈가 하루가 멀다 하고 교육 뉴스에 도배가 될까? 바로 대학 입시와 관련이 있기 때문이다. 전국 영재교 및 과학고 졸업생의 2021학년도 서울대 입학 실적을 보면 다음과 같다.

순위	예체능 제외 순위	학교명	합계	수시	정시	고교유형	시도	시군구
1	-	서울예고	74	70	4	예고	서울	종로구
2	1	서울과고	68	56	12	영재학교	서울	종로구
3	2	외대부고	60	30	30	자사(전국)	경기	용인시
4	3	경기과고	53	47	6	영재학교	경기	수원시
5	4	하나고	46	42	4	자사(전국)	서울	은평구
6	5	대원외고	43	32	11	외고	서울	광진구
		대전과고	43	43	0	영재학교	대전	유성구
8	7	한국영재	37	33	4	영재학교	부산	부산진구
9	8	대구과고	35	34	1	영재학교	대구	수성구
10	-	선화예고	34	29	5	예고	서울	광진구
11	9	세종영재	32	32	0	영재학교	세종	세종시
12	10	민사고	31	21	10	자사(전국)	강원	횡성군
13	11	광주과고	30	30	0	영재학교	광주	북구
14	12	인천영재	29	29	0	영재학교	인천	연수구
15	13	명덕외고	25	24	1	외고	서울	강서구
		세화고	25	6	19	자사(광역)	서울	서초구
17	15	대일외고	24	24	0	외고	서울	성북구
		한영외고	24	22	2	외고	서울	강동구
		현대고	24	11	13	자사(광역)	서울	강남구
20	-	국립국악고	23	23	0	예고	서울	강남구
21	18	인천하늘고	22	20	2	자사(전국)	인천	중구
		휘문고	22	5	17	자사(광역)	서울	강남구
23	20	배재고	19	11	8	자사(광역)	서울	강동구
		상산고	19	9	10	자사(전국)	전북	전주시
		세종과고	19	17	2	과고	서울	구로구
		중동고	19	8	11	자사(광역)	서울	강남구
27	24	낙생고	18	3	15	일반고	경기	성남시
		상문고	18	7	11	일반고	서울	서초구
		서울고	18	10	8	일반고	서울	서초구
30	27	선덕고	17	8	9	자사(광역)	서울	도봉구
		한성과고	17	12	5	과고	서울	서대문구

17

더 놀라운 것은 이들이 대부분 수능 시험 없이 온전히 학교 활동만으로 수시 선발되어 진학에 성공했다는 점이다. 즉, 일찌감치 자신의 진로를 이공계열로 선택해 집중 영재 교육을 받은 것을 대학 측에서도 인정받았다는 것이다. 이공계 영재를 키워내자는 대한민국 교육계의 흐름도 흐름이지만 대입에서 이렇게 강하게 영향력을 발휘하니 다른 특목고가 모두 빛을 잃어가는 와중에 영재교와 과학고의 열풍은 거셀 수밖에 없다. 그러니 이 입시를 준비하려고 수·과학에 일찍부터 내몰리는 초등 저학년의 수가 점점 많아지는 것도 사실이다.

대입도 마찬가지다. 학생부에 들어가는 일반 교과 내신, 교내 수상 실적에 포함될 수 있는 교내 수학 경시대회 외에도 수능과 더불어 대학별 수리 논술고사, 구술고사 등 많은 수학 관련 시험이 있다. 일반적으로 상위권 대학에서는 수시로 선발하는 비율도 높기 때문에 학생부 관리와 수능 관리가 종합적으로 이루어져야 한다. 이때 일반적으로 수학은 타 과목에 비해 쏟아온 시간이 상대적으로 많기 때문에 성적이 비교적 안정적으로 잘 나올 거라고 기대하는 경우가 많다. 그도 그럴 것이, 중학교 내신까지는 범위가 그리 많지도 않거니와 보통 선행을 많이 해서 2~3주 정도 잡고 그 범위만 파고들면 별로 어렵지 않게 90점 언저리에서 A등급을 받는 것이 가능했기 때문이다.

그러나 고등부터는 슬슬 한계를 드러내게 된다. 왜냐하면 고등 수학은 '종합 예술'이기 때문이다. 초등학교, 중학교를 거쳐오며 열심히 배운 것을 고1 때 열심히 굴리고 잘 뭉쳐서 다시 한번 지식 체계를 잡은 다음 이를 바탕으로 '수학1', '수학2', '미적분', '확률과 통계' 등을 배우게 된다.

'수학1'에서 로그를 배우는데, 로그에서의 최솟값 구하는 문제를 푼다고 생각해보자. 여기에서 산술 기하 평균의 아이디어를 써보자고 하면 "아, 선생님. 여기에서 왜 그게 나와요. 산술 기하 평균을 언제 배웠는지 기억도 안 나요, 이걸 어떻게 해요!"라고 말하는 아이들은 중학교 내신 시험을 준비하던 좁은 사고방식에서 벗어나지 못한 것이다. 이에 비해 중등 수학에서 고등 수학까지 연결해 가며 개념에서 개념으로, 문제 해결의 아이디어를 고민하며 수학을 공부한 아이들은 소위 말하는 '클래스'가 다르다. 투자한 공부 시간은 똑같을지라도 고등학교 성적표에 찍히는 등급의 숫자는 확실히 다르다는 것을 알 수 있다.

수학에서 종합 예술을 구사하려면 '연결되는 공부'를 해야 한다. **수학 변별력은 연결과 확장에서 온다.** 그리고 그 연결과 확장이 유연하게 잘 이루어지는 아이들의 가장 큰 특징은 빠른 논리 추론 능력이다. 타고난 경우도 있지만 국어, 특히 독서를 통해 후천적으로 길러지는 경우가 더 많기 때문에 평소 국어 교육을 재차 강조하지 않을 수 없다. 연결과 확장이 일찌감치 잘 이루어지는 아이들은 수학 속도를 높여 영재교나 과학고에 욕심을 내보는 것도 바람직하다.

다만 그 깜냥이 아닌데도 무리하게 밀어붙이다가 일반고 진학에서의 경쟁력마저 잃어버리는 경우도 허다하므로 그 선택은 매우 신중하고 냉정하게 해야 한다. 특목고에 진학해서도 경쟁력을 가질 수 있는 특수한 케이스가 아닌 경우라면 일반고를 목표로 잡고 입시 수학(일반고등학교 내신 및 수능을 의미)을 준비해야 한다. 물론 입시 수학도 변별력이 매우 크다. 단순히 빠른 선행만으로 커버가 될 거라고 생각해 초등 때 '나는 학원 보내서 3년 선행시키고 있으니까 수학은 괜찮아'라고 생각하다가는 큰코다칠 수 있다.

특목고 준비 수학과 입시 수학은 준비해야 하는 콘텐츠의 종류와 깊이도 크게 다르고, 초등 때부터 시기별 과업도 천차만별이기 때문에 뒤에서 다룰 입시 목적별 로드맵과 세부 학습법을 꼭 참고하여 우리 아이만의 개별 로드맵을 구성할 수 있어야 한다.

이과 공화국, 과학에서 답을 찾다

문·이과 통합이라는 문구를 심심치 않게 보지만 아직도 대학 일선에서는 문·이과 및 예체능 계열을 나누어 선발하는 것이 일반적이며, 이과계열 선발이 다수를 차지하고 있다. 이과는 문과 복수전공 선택이 용이하고, 향후 진로 선택의 폭이 비교적 넓다는 이유로 이과계열 전공을 선택하는 학생이 많다.

특히 의·치·한의대(이하 의치한)의 인기가 아직도 건재한 것을 보면 이과 돌풍이 과연 사그라들까 싶기도 하다. 이과 선택 과목에서는 수학과 과학이 핵심이기에 과학에 대한 관심도 날로 높아지고 있다. 그런데 이것만으로는 초등에서부터 과학을 준비해야 하는 이유를 설명하기에 조금 부족하다. 앞에서도 언급했듯 모든 특목고가 몰락하는 가운데 영재교나 과학고는 그 높은 위상이 계속되면서 '이 학교에 입학하려면 무엇을 준비해야 하는가'가 초미의 관심사다. 결국 '수학을 잘하는 것은 기본, 진짜 변별력은 과학'이라는 것이다.

이렇게 **과학은 초등 저학년부터 직간접 경험으로 다져놓아야 한다**는 것이 정설로 굳어가고 있다. 이는 교과 과학뿐 아니라 각종 실험 과학, 체험학습, 과학전시회 및 과학영재교육원(이하 영재원) 등의 활동으로 확대되었다. 당장 입시와 밀접한 관련이 있다 보니 영재원, 과학보고서 및 탐구토론대회, 각종 과학 경시대회, 발명대회, 창의력 대회 등의 참가 및 지원 가능 연령이 초등 저학년으로 확대된 것도 눈여겨볼 대목이다(실제 교과 과학은 초등 3학년에 시작하지만, 영재원에서는 대학 부설 기준으로 초등 1~2학년부터 가능한 곳도 있다).

게다가 초등 영재원이나 일선 학교에서의 과학탐구 보고서와 산출물의 수준이 매년 큰 폭으로 발전하고 있다. 어느 누구의 도움을 받아서 그런 결과가 나오는 것이 아니라 전반적으로 교육의 질이 상승하면서 아이들의 수준이 향상된 결과다. 이런 변화는 과학 체험 참여를 적극적으로 유도하는 사회 분위기에서도 답을 찾을 수 있다. 매년 5월 즈음이면 과학의 달이라고 하여 학교에서도 물로켓·에어로켓 대회, 탐구보고서 및 탐구토론 대회, 발명대회 등을 열어 아이들의 과학 참여를 적극적으로 독려하고 있다. 학교 밖에서도 여러 과학 단체에서 크고 작은 대회를 열고 있으니 학부모들은 이런 정보를 적극적으로 찾아서 아이들이 평소에 흥미를 보였던 주제와 관련 자료를 함께 찾아본 뒤 매년 한두 가지에 도전 계획을 세워서 참가해보는 것도 좋겠다. 이렇게 참여한 각종 기록은 잘 정리해서 포트폴리오로 관리하는 것이 바람직하다.

 이런 활동들을 계획하고 실천하는 것이 결코 쉬운 일은 아니다. 처음 시도할 때는 우왕좌왕하다가 시간만 가고, 아이도 학부모도 지쳐서 경험이고 뭐고 그냥 포기하고 말까 하는 경우가 대부분이다. 하지만 이런 경험이 쌓이면 교과서에서는 얻을 수 없는 살아 있는 경험을 하게 되고, 실험 계획부터 자료 조사, 실험, 자료 정리와 보고서 작성, 발표에 이르기까지 모든 과정을 초등 때부터 경험하며 스스로 발전하게 된다. 이를 거듭한 아이는 영재원이건 영재교건, 나아가 대학교 구술고사 면접에 이르기까지 자신감 있게 헤쳐나갈 수 있게 된다. 당연히 교과를 받아들이는 기본 틀도 커지게 되므로 기꺼이 도전하고 경험하라고 권한다.

 실제로 자녀를 영재교나 과학고에 보낸 학부모들, 일반고에서 의치한 입시를 성공적으로 치른 학부모들을 보면 빠듯한 시간을 쪼개고 또 쪼개어 초등 때부터 과학 관련 경험을 키워주려고 치밀한 계획을 세우고 행동하신 분이 많다. 크고 작은 과학전람회, 과학통계대회, 의과학대회 라인업을 줄줄이 꿰고 그 안에서 1~2개 취사선택해서 연간계획을 운용하기도 한다.

내 아이만의 로드맵을 치밀하게 계획하다

지금까지 과목별로 살펴보면서 '국어, 수학, 과학, 뭐 하나 제대로 해놓은 게 없네' 하며 한숨이 더 나올 수도 있겠다. 하지만 시작이 반이라고 하지 않는가! 이런 사실을 알게 되었다는 것 자체가 우리 아이를 크게 비상하게 만들어줄 입시 성공으로 가는 길목에 들어선 것이다.

입시에서 성공할 수 있는 요소와 적정 시기가 어느 정도는 특정되어 있는 것이 사실이다. 시간은 누구에게나 한정되어 있기 때문에 개별 로드맵을 잘 구성하는 것이 중요하다. 초등 저학년 때부터 로드맵을 잘 구성해놓으면 가장 좋은 점은 무엇일까? 바로 '옆집 엄마에게 휘둘리지 않는다'는 점이다.

육아 및 교육에 대한 정보를 가장 손쉽게 얻는 경로는 아마 '이미 큰아이 키워 본 옆집 엄마'일 것이다. 그 아이와 내 아이가 성향부터 성취도까지 모든 점에서 다른데도 다른 사람의 경험에 의존하는 경우가 많다. 게다가 옆집 아이가 공부를 잘했다면, 또 옆집 엄마의 목소리가 크면 클수록 급격히 흔들리는 엄마의 마음은 어쩔 수가 없다. 그래서 흔들리지 않는 중심을 가지려면 초등 저학년 때부터 로드맵이 중요하고, '오직 우리 아이에게만 최적화된 로드맵'을 구성할 정도로 제대로 된 정보력을 갖추어야 한다. 로드맵을 구성한다는 것은 다음과 같은 과정을 의미한다.

① 아이의 목표에 대해 생각하기
⇨ 아이와 함께 목표에 대해 이야기 나눌 기회를 자주 만든다.

② 아이의 수준과 속도에 맞춰 계획 세우기
⇨ 철저하고 세밀하게 아이를 관찰한다.

③ 목표 의식을 가지고 함께 하나씩 성취해나가기
⇨ 연간 계획과 같은 장기적인 계획과 더불어 분기별 또는 월간 계획과 같은 단기적인 계획도 아이와 함께 세운다.

④ 로드맵 수정 보완하기
⇨ 초과 달성, 미진한 부분, 추가로 생긴 목표에 대해 대처해나간다.

로드맵이 가능하도록 습관을 디자인하자

"이미 남들이 좋다고 하는 것을 다 시켜봤지만 결과가 시원치 않았고, 다른 아이들과 실력 격차만 점점 더 벌어지고 있어 마음이 조급한데, 이 와중에 아이는 사춘기가 왔는지 말을 점점 듣질 않아요. 혹여나 강압적으로 공부시켰다가 완전히 엇나갈까봐 이러지도 저러지도 못하고 아이 눈치만 보고 있어요. 도대체 어디서부터 뭐가 잘못된 걸까요?"

가슴에 납덩이리를 품은 듯한 얼굴로 찾아오는 초등 고학년 학부모의 상담 사례다. 학부모의 증언대로 아이 머리도 괜찮은 데다 좋다는 온갖 방법을 다 쏟아부었는데도 아이의 학습 발전이 더디다면, 십중팔구 학습 습관이 올바로 잡혀 있지 않을 확률이 높다.

돈, 시간, 노력을 학습에 쏟아부은 만큼 지식이 오래도록 아이의 머릿속에 남아 있을까? 학습 효과를 보려면 공부한 내용을 순서대로 차곡차곡 잘 누적해야 하고, 그러려면 학습 걸음마를 처음 시작했을 때부터 습관을 잘 다져야 한다. 이

것이 학습 시간과 학습량을 늘리는 일보다 더 중요하다. 하지만 현실은? 초등 저학년부터 이 학원과 저 학원, 과외까지 뺑뺑이처럼 돌다가 밤늦은 시간까지 숙제하느라 아이도 학부모도 파김치가 되어버리는 모습을 자주 보곤 한다. 그렇다 보니 학습 태도까지 신경 쓸 여유는 더더욱 없다. 바탕이 제대로 다져지지 않은 채로 몇 년간 학습을 이어가다 보면 타이어가 구멍 난 채 운전하는 자동차처럼 어느 땐가는 속도가 떨어질 수밖에 없다.

학습을 시작함과 동시에 학습을 대하는 태도도 서서히 자리를 잡는다. 주의 깊게 경청하는 태도, 글을 읽고 바로바로 이해하려는 노력부터 시작해서 풀이 과정을 구체화하는 습관, 실수하거나 틀린 문제에 의문을 품는 태도, 철저한 복습 생활화 등과 같은 세세한 작업이 따라붙어야 한다. 그래야만 작은 학습이라도 그 학습을 온전히 자신의 것으로 소화할 수 있다.

이런 바탕을 만들어야만 어떤 로드맵을 만들었을 때, 그 로드맵을 따라서 달릴 수 있는 아이로 키울 수 있다. 이런 노력을 전혀 기울이지 않고 로드맵을 잘 짜주는 학원에 보내고, 기막히게 잘 가르친다는 좋은 선생님을 만나면 그걸로 다 되겠거니 착각하다가 초등 고학년이 넘어가면서부터 눈물을 흘리는 이가 너무도 많다.

아이가 긴 입시 터널에서 중심을 잃지 않고 끝까지 완주할 수 있는 원동력은 선행에서 나오는 것이 아니라 저학년 때부터 갖춰진 올바른 학습 습관에서 비롯된다는 것을 반드시 기억하자.

수학이나 과학 공부에서 잘못된 부분이 있다면 그 부분부터 다시 개념을 다잡으면 된다지만, 습관이라는 것은 어찌나 무서운지 쉽게 뜯어고칠 수가 없다. 요즘은 학습을 처음 경험하는 시기 자체가 워낙 빨라져서 아무리 초등학생이라고 해도 나름의 학습 습관이 자리 잡힌 경우가 꽤 많다.

그러므로 초등 저학년일수록 더욱 세심하게 살펴보면서 올바른 태도가 형성되도록 전력을 기울여야 한다. 학습 습관이 올바르게 잡혀야만 내 아이만을 위한 로드맵이 비로소 의미를 가질 수 있기 때문이다. 습관을 잡을 수 있는 기회는 오직 이때뿐이다. 바로 초등 저학년!

2부

알면서도 뒷전으로 미루는 국어 교육

02

영어에는 그렇게 힘을 쏟으면서 국어는?

　대치동 학부모들 사이에서는 '영재로 키우는 로열 로드맵 커리큘럼'이란 게 있다. 산후조리원 동기 모임부터 유치원 학부모 모임 등 학부모 사이에서 입시까지 성공가도를 달린 아이들이 초등에서 어떤 것들을 해왔는지 전해지고 있는데, 트렌드에 따라 약간씩 내용 변화가 있기는 하지만 큰 틀은 거의 바뀌지 않는 듯하다.

　커리큘럼에 큰 변화가 없는 이유는 '미취학부터 초등까지의 시기'에 해당하기 때문이다. 이 시기에는 초등학생답게 전 과목을 골고루 학습시키려는 욕구가 강하고 예체능이나 비교과, 체험학습도 관심을 가지고 시도하게 된다. 다만 중등 2~3학년부터는 진로 희망에 따라 무게중심을 두는 과목이 생기게 마련이고, 그때부터는 학생 개개인의 목표에 따라 세부적인 커리큘럼을 수립해야 한다.

필자는 그 치열하기로 소문난 대치동에서도 유난히 돋보이는, 자식 교육을 똑 부러지고 훌륭하게 시키기로 유명한 학부모님들께 유아기부터의 로드맵 정리를 부탁드렸고, 아래는 바로 그 생생한 사례들이다.

사례1. 수·과학에 재능 있는 쌍둥이 남매 로드맵

1) 전체적인 유아, 미취학기 학습 로드맵 구성
- ▶ 3세: 미취학을 위한 체험 및 교구 수업, 영어 오디오북
- ▶ 4세: 연산 및 국어 학습지 시작, 영어 파닉스 연습(영어유치원 준비)
- ▶ 5세: 영어유치원 도전, 사고력 수학 학원 레벨테스트 준비
- ▶ 6세: 사고력 수학 도전, 팀 체육활동 시작, 흥미 위주로 실험 과학 시작
- ▶ 7세: 사고력 수학과 더불어 교과 수학 시작

2) 유아기~초등 로드맵
- ▶ 1~2세: 가베류+영어 노출 시작
- ▶ 3세: 놀이학교
- ▶ 4세: 놀이학교+영어(방과후 또는 과외) 시작
- ▶ 5세: 영어유치원+수학 사교육 시작(가베, 오르다, 몬테소리)+국어(한글) / KAGE영재교육원 병행
- ▶ 6세: 영어유치원+본격적인 수학 연산 시작+과학
- ▶ 7세: 영어유치원+사고력 수학+연산 수학+과학+국어+팀 체육

- ▶ 초1: 사립초+사고력 수학+영어+과학+체육 특활
  → 과학관, 천문관, 도서관 등 체험활동을 많이 했습니다.
- ▶ 초2: 공립초+사고력 수학+교과 수학+영어+과학+코딩
  → 유명한 수학 교과 심화 학원도 준비하는 시기이며 과학관, 도서관, 박물관 등 체험활동을 많이 했습니다.
- ▶ 초3: 공립초+교과 수학(초등 극심화, 초3 후반에 중등 과정 시작)+사고력 수학+영어+과학+국어

- → 대학 부설 영재원을 처음 준비하는 중요 시기이며, 아이들의 진로를 수·과학 쪽으로 생각했기에 수·과학 분야의 학습을 강도 높게 시작했습니다. 이때부터는 메인으로 다니는 수학 학원이 중요합니다.
- ▶ 초4: 공립초+교과 수학(중등 과정, 초4 후반에 고등 과정 시작)+사고력 수학+교과 수학+과학+영어+국어+코딩+대학 부설 영재원
  - → 사고의 폭을 심화할 수 있는 능력을 극대화하고자 사고력 학원을 또래 친구에 비해 오래 다니면서 심화 과정까지 차근히 밟아나갔습니다. 그 결과 교과 과정에서도 탄력을 받아 중등 심화까지 따라갈 수 있었고, 초4 후반에 고등 과정으로 들어갔지만 큰 어려움은 없었습니다. 그리고 대학 부설 영재원에서의 학습이 더해지면서 과학, 정보 분야의 심화 공부를 시작할 수 있었습니다.

사례2. 운동, 수리 능력에 재능 있는 아들을 위한 맞춤 로드맵

- ▶ 18개월: 짐보리 시작
- ▶ 3세: 모든 과목을 동화책으로 읽고 활동하며 놀이학교 시작
- ▶ 4~5세: 아직 말이 트이지 않아서 놀이학교 방과후 활동만 추가
- ▶ 6세: 놀이식 영어유치원, 영어 파닉스 깨치기 및 한글과 영어독서에 집중한 시기, 활동량이 유달리 많고 체력이 강해서 체육활동에 매진
- ▶ 7세: 독서 활동을 바탕으로 한 유치원에서 취학 전까지 한글, 영어, 연산, 독서, 바둑 및 로봇코딩 등을 다양하게 경험하면서 초등학교 입학 준비
- ▶ 초1: 학습식 영어학원, 영어에 집중하면서 과외를 병행
- ▶ 초2: 기본 교과 연산부터 학습하기 시작, 9~10세 초등연산 완전정복을 목표로 4~5학년 정도의 연산 마무리 후 교과 4학년 과정부터 수학 학습 시작, 6학년 현재 고등 수학 심화 및 기초경시 학습 중
- ▶ 초3: 일반적인 대치동 로드맵에 비해 뒤늦은 학습이었지만 아이의 때를 기다려서 하나씩 잘할 수 있는 것들을 경험시키다 보니 초3부터 탄력받기 시작, 꾸준한 국어 학습과 기초 연산 학습이 철저했던 덕분에 수학적 사고력 및 논리력이 성장해 수학에 집중하기 시작, 영어는 비교적 가벼운 영어학원에서 꾸준히 진행
- ▶ 초4: 수학적 논리력이 급성장하기 시작, 체력이 좋아 긴 시간 공부도 지치지 않고 쭉

> 이어감, 진도가 빨라져도 비교적 수월하게 심화까지 진입. 알고리즘, 코딩에 아이가 관심을 보였고, 정보올림피아드 및 대학부설 영재원 정보 분야에 합격
> ▶ 초5: 소프트웨어, 정보 관련 전문가를 꿈꾸며 영재고 입학을 위해 열심히 수·과학에 매진 중, 국어와 영어도 고르게 학습하고 있으며, 무엇보다 올바른 학습 습관을 가지도록 노력 중

이 커리큘럼에서 눈에 띄는 것은 첫째, 아이의 발달에 맞춰 시기별로 주력 과목 학습을 타이트하게 하더라도 과목별 균형을 고려한다는 점이다. 아무리 수·과학에 힘을 준다 하더라도 꾸준한 국어교육만큼은 놓치지 않는다. 그리고 둘째, '영어'가 매우 강조되어 있다는 점이다. 많은 사람이 대치동 학습을 수·과학 몰입교육이라고 생각한다. 하지만 실제 유아기부터 초등 저학년까지는 수학 못지않게, 어쩌면 수학보다도 더 영어에 열을 올리는 것이 현실이다.

5세 이전부터 영어유치원 입학을 미리 준비하는 학부모도 많고, 영어유치원 졸업 이후에도 바로 이어서 대치동 TOP5라고 일컬어지는 학원의 레벨테스트를 준비하느라 대치동의 영어 교육 기관은 불 꺼질 날이 없다. 게다가 거의 모든 수업을 영어로 진행하는 국제학교나 영미권 기숙학교(boarding school)를 통해 외국 대학 진학을 희망한다면 말할 것도 없다.

국내 대학 진학을 희망한다고 해도 초등 고학년부터는 수·과학에 매진하는 분위기라 언어 습득력이 좋은 영유아 때부터 영어를 학습해야만 초등 6학년 때 수능 영어 정도는 마스터할 수 있다는 것이다. 물론 단순히 수능 영어만 목적은 아니다. 글로벌화한 세계에서 의사소통에 구애하지 않고 삶을 영위하려면 영어뿐 아니라 중국어와 같은 제2 외국어도 필수라고 생각하기 때문에 어린 시절에 다양한 언어를 강도 높게 익히는 것이다.

이런 가치관을 지닌 학부모들은 초등 6학년부터 중등 1학년까지 원어민과 유

창한 의사소통뿐 아니라 특정 주제에 대해 토론할 수 있고, 원서를 한글책처럼 줄줄 읽고 이해할 수 있을 정도의 리딩 실력, 간단한 에세이를 원활하게 쓸 수 있는 라이팅 능력까지 갖추는 것을 목표로 한다.

외고나 자사고 등을 준비한다면 토플과 같은 외국어 시험도 치르게 된다. 비록 외고나 자사고가 위기라고는 하나, 이 학교 진학을 준비하는 경우 보통 CBT 120점 만점에 105~110점 이상을 목표로 공부하게 된다. 그렇다 보니 초등 3~4학년 이전에는 영어에 올인하고, 이후에는 수·과학에 대부분의 시간을 쏟게 된다. 위의 사례를 보면 최상위권 아이들은 꾸준한 국어 학습이 바탕에 있었음에도 불구하고 그 속 내용을 제대로 모르는 분들은 저학년 때는 영어 최우선으로, 고학년 때는 무리한 수·과학 선행에 휩쓸려 국어 교육을 등한시하는 듯하여 안타까운 마음이 들 때가 많다.

결국 입시에서 부딪히는 한계

고등 입시 현장에서 국어 때문에 고생하는 학생을 많이 보았기에 초등 때부터 국어, 특히 독서는 절대적으로 꼭 챙겨야 한다는 걸 실감했다. 유튜브나 각종 SNS에서 공부법 관련 채널만 보더라도 국어의 중요성을 연일 강조한다. 알면서도 실천하지 않고 버티면 결국 아이가 입시에서 한계에 부딪히게 되니 미리미리 국어를 챙겨야 한다고 이야기한다. 그러니 자녀 교육에 관심 높은 열혈 학부모들이 이 사실을 모를 리 없다. 분명히 알고 있다. 그런데 왜 국어 공부를 여전히 등한시하고 있을까?

얼마 전 학원 원장님들과 온라인으로 새벽까지 학원가 이야기를 하다가 "도대체 왜 국어 공부는 수학 공부처럼 안 시키는 걸까?"라고 했더니 국어 학원 원장님들이 1초도 고민하지 않고 대답을 쏟아냈다.

"영어, 수학, 과학, 하물며 예체능까지 쉬운 게 하나도 없고 다 어려운 것 같은데, 그 와중에 국어만큼은 만만하게 보이니까!"

"국어는 시험이 없잖아. 그러니까 상대적으로 가늠이 안 되지."

"수학은 학원 시험부터 경시대회까지 점수화가 되니까 아주 민감하다고. 그런데 국어는 예민할 수가 없어. 점수가 없으니까!"

초등에서 수·과학은 영재원, 경시대회, 하물며 여러 유명 학원에서의 입학 테스트나 정기 평가와 같이 점검 장치가 차고 넘쳐서 아이의 상대적인 수준을 평가해볼 수 있다(물론 그 신뢰도는 차치하더라도). 그런데 국어는 그런 시험이 없다. 하물며 초등 국어, 논술 학원에서 테스트를 거쳐 원생을 뽑는다는 학원은 대치동에서도 손에 꼽을 수 있을 정도다.

아무리 영어, 수학 공부를 열심히 시켜도, 국어를 챙기지 않은 결과는 입시에서 고스란히 드러날 수밖에 없다. 수학과 과학, 영어 등은 특목고를 비롯하여 대입에 이르기까지 학생 개인별 목적에 따른 미취학부터 고등까지의 연계성이 명확한 로드맵이 체계적으로 잘 구성되어 있는 편이다. 일반적으로 이를 기준으로 하여 현 학습 상황이 시기적으로 적합한가를 판단해볼 수 있다. 또 여러 시험 등을 통해 성취도가 어떠한가를 점검해볼 수 있다. 그러나 초등 저학년부터 고등 국어까지 잘 연계되어 있는 장기적인 로드맵은 찾아보기가 어렵다. 그렇다 보니 수능 국어를 고등 직전에야 처음 접하고 당황하는 경우가 많다.

오랜 기간을 두고 꾸준히 공부한 과목은 단기간 집중하면 성취도가 빠르게 향상될 수 있지만, 공백이 컸던 과목은 발전 속도가 더딜 수밖에 없다. 최상위권으로 발돋움하기가 가장 어려운 과목이 수능 국어 영역이라고 하는 이유가 여기에 있다. 이건 아이들의 잘못이 아니라, 어릴 때부터 아이들에게 균형 잡힌 학습, 올바른 학습의 길을 제시해주어야 할 어른들의 잘못된 '영·수 쏠림 사고방식' 때문일 것이다. 국어 영역이 얼마나 큰 변별력을 갖는지는 최근 수능 점수 분석을 보면 쉽게 이해할 수 있다.

[베리타스알파 2022학년도 수능 분석 기사 요약]

올해 수능은 영역별 표준점수(이하 표점) 최고점이 국어 149점, 수학 147점을 기록, '역대급 불수능'인 것으로 드러났다. 만점자 비율은 지난해 0.04%보다 감소한 0.01%다. 한국교육과정평가원(이하 평가원)은 이 같은 내용의 2022수능 채점 결과를 9일 발표했다.

올해 표점 최고점이 가장 높은 149점을 기록한 국어의 경우, 평가원이 수능 직후 지난해와 비교해 평이할 것이라는 분석을 내놓았지만 수험생들의 전반적인 체감 난도는 높았던 것으로 나타나면서 채점 결과 공개 전부터 '불수능'이 예고되기도 했다.

최근 5년간 국어 표점 최고점은 2018수능 134점, 2019수능 150점, 2020수능 140점, 2021수능 144점, 2022수능 149점이다. 수학의 경우 올해 첫 시행된 통합형 수능으로 지난해와의 직접적인 비교는 어렵지만, 지난해 가/나형 모두 표점 최고점이 137점으로 나타났던 데서 올해 최고점이 10점이나 상승한 147점이다.

평가원이 과목별 만점자가 받을 수 있는 표점 최고점을 따로 공개하진 않았지만, 성적표 배부 후 입시기관 등이 확인한 결과 과목별 표점 최고점은 국어 언어와매체 149점, 화법과작문 147점, 수학 미적분/기하 각 147점, 확률과통계 144점인 것으로 나타났다.

올해 국어 표점 최고점인 149점은 현 수능체제가 도입된 2005수능 이래 2019수능 150점에 이어 두 번째로 높은 것이다. 2019수능과 비교해 표점 최고점이 1점 낮지만, 만점자 인원/비율은 올해 0.01%(28명)으로 2019수능 0.03%(148명)보다도 적다.

수학의 경우 통합형 수능 이전 표점 최고점이 가장 높았던 수능은 2009수능으로 수(가) 154점, 수(나) 158점이었다. 올해 표점 최고점 147점을 기록한 수학의 경우 지난해 137점보다 10점 상승했음에도 수학 만점자가 증가한 것을 두고 전문가들은 수학 학력 격차가 심화됐다는 분석을 내놓고 있다.

[2021학년도 수능 원점수 및 표준점수 분석표]

국어				수학 나형				수학 가형			
원점수	표준점수	백분위	등급	원점수	표준점수	백분위	등급	원점수	표준점수	백분위	등급
100	144	100	1	100	137	100	1	100	137	100	1
99				99				99			
98	142	100	1	98	136			98	135	99	1
97	141	100	1	97	135	99	1	97	134	99	1
96	140	100	1	96	134	99	1	96	133	98	1
95	139	100	1	95	133	98	1	95	132	98	1
94	138	99	1	94	133	98	1	94	132	98	1
93	137	99	1	93	132	98	1	93	131	98	1
92	136	99	1	92	131	96	1	92	130	96	1
91	134	98	1	91	130	95	2	91	129	95	2
90	133	97	1	90	130	95	2	90	128	95	2

똑같은 100점인데도 불구하고 국어와 수학의 표준점수가 다른 이유는 무엇일까. 표준점수란 원점수가 평균에서 얼마나 떨어져 있는지를 나타내는 점수로서 시험이 어려웠는지 쉬웠는지를 객관적으로 보여주는 지표다. 표준점수의 특성상 평균이 낮은 영역·과목에서는 원점수에 따라 표준점수가 높아진다. 동일한 원점수라도 시험이 어려워 응시생 평균점수가 낮다면 표준점수가 비교적 높게 형성되며, 만점 표준점수와 1등급컷 표준점수의 격차가 큰 경우 상대적으로 난이도가 높다고 평가된다. 즉, 국어 만점의 표준점수가 원점수 100점의 거의 1.5배에 가깝다는 것은 난이도가 그만큼 높았음을, 수학에 비해 만점 기준 표준점수가 높은 것은 수학보다 상위권 변별력이 강했음을 의미한다.

@김동욱, 수능 국어 영역 강의

소위 '수능 1타'라는 유명 국어 강사가 강의하는 모습이다. 요즘 수능 국어가 어떤 것을 담고 있는지를 단적으로 보여준다. 아무런 사전 정보 없이 사진으로만 보았을 때 과연 그가 국어 강의를 하는 것으로 보이는가?

이번에는 최근 수능 국어 기출 문제 지문을 살펴보자.

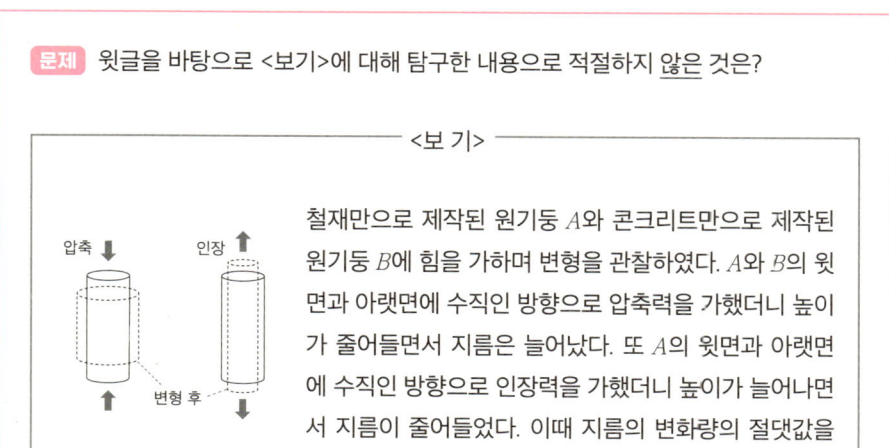

36

높이의 변화량의 절댓값으로 나누어 포아송 비를 구하였더니, 일반적으로 알려진 철재와 콘크리트의 포아송 비와 동일하게 나왔다. 그리고 A와 B의 포아송 비는 변형 정도에 상관없이 그 값이 변하지 않았다. (단, 힘을 가하기 전 A의 지름과 높이는 B와 동일하다.)

① 동일한 압축력을 가했다면 B는 A보다 높이가 더 줄어들었을 것이다.
② A에 인장력을 가했다면 높이의 변화량의 절댓값은 지름의 변화량의 절댓값보다 컸을 것이다.
③ B에 압축력을 가했다면 지름의 변화량의 절댓값은 높이의 변화량의 절댓값보다 작았을 것이다.
④ A와 B에 압축력을 가했을 때 줄어든 높이의 변화량이 같았다면 B의 지름이 A의 지름보다 더 늘어났을 것이다.
⑤ A와 B에 압축력을 가했을 때 늘어난 지름의 변화량이 같았다면 A의 높이가 B의 높이보다 덜 줄어들었을 것이다.

문제 <보기>를 참고할 때, [A]에 대한 이해로 적절하지 <u>않은</u> 것은?

─ <보 기> ─

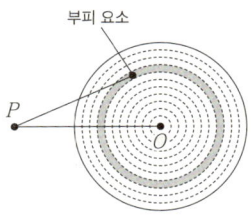

구는 무한히 작은 부피 요소들로 이루어져 있다. 그 부피 요소들이 빈틈없이 한 겹으로 배열되어 구 껍질을 이루고, 그런 구 껍질들이 구의 중심 O 주위에 반지름을 달리하며 양파처럼 겹겹이 싸여 구를 이룬다. 이때 부피 요소는 그것의 부피와 밀도를 곱한 값을 질량으로 갖는 질점으로 볼 수 있다.

(1) 같은 밀도의 부피 요소들이 하나의 구 껍질을 구성하면, 이 부피 요소들이 구 외부의 질점 P를 당기는 만유인력들의 총합은, 그 구 껍질과 동일한 질량을 갖는 질점이 그 구 껍질의 중심 O에서 P를 당기는 만유인력과 같다.

(2) (1)에서 구 껍질들이 구를 구성할 때, 그 동심의 구 껍질들이 P를 당기는 만유인력들의 총합은, 그 구와 동일한 질량을 갖는 질점이 그 구의 중심 O에서 P를 당기는 만유인력과 같다.

(1), (2)에 의하면, 밀도가 균질하거나 구 대칭인 구를 구성하는 부피 요소들이 P를 당기는 만유인력들의 총합은, 그 구와 동일한 질량을 갖는 질점이 그 구의 중심 O에서 P를 당기는 만유인력과 같다.

[A]
17세기 후반에 뉴턴은 태양 중심설을 역학적으로 정당화하였다. 그는 만유인력 가설로부터 케플러의 행성 운동 법칙들을 성공적으로 연역했다. 이때 가정된 만유인력은 두 질점이 서로 당기는 힘으로, 그 크기는 두 질점의 질량의 곱에 비례하고 거리의 제곱에 반비례한다. 지구를 포함하는 천체들이 밀도가 균질하거나 구 대칭을 이루는 구라면 천체가 그 천체 밖 어떤 질점을 당기는 만유인력은, 그 천체를 잘게 나눈 부피 요소들 각각이 그 천체 밖 어떤 질점을 당기는 만유인력을 모두 더하여 구할 수 있다. 또한 여기에서 지구보다 질량이 큰 태양과 지구가 서로 당기는 만유인력이 서로 같음을 증명할 수 있다. 뉴턴은 이 원리를 적용하여 달의 공전 궤도와 사과의 낙하 운동 등에 관한 실측값을 연역함으로써 만유인력의 실재를 입증하였다.

고등학생이 되었다고 해서 이런 내용이 한 번에 귀에 들어올 리 없고, 지문을 한번 읽어보았다고 해서 문제가 단박에 풀릴 리도 없다. 물론 꾸준한 독서로 언어 감각을 차근히 발전시켜온 경우라면 다소 늦게 수능 국어 공부를 시작하더라도 발전 속도는 빠를 것이다. 하지만 국어 학습에 상대적으로 공백이 있는 학생들은 문해력이나 어휘력 등 언어 감각도 무디지만, 글을 읽고 이해하는 속도 자체가 느리다. 무엇보다 '지문에 의거한 사실적인 독해'가 아닌 '상식에 의거한 자의적인 해석'으로 답을 찾는 경우가 많은 것이 가장 큰 문제다. 게다가 이런 문제들은 결코 단기간의 특강으로 극복할 수 없다.

따라서 **초등 저학년, 아니 미취학 때부터 꼼꼼히 관리하고 꾸준히 성장시켜야 할 부분은 바로 '논리적인 독해력'이다.** 그러려면 양질의 콘텐츠(읽을거리)에 많이 노출돼야 하고, 그러면 점차 어휘력이 올라가 독해 속도가 빨라지면서 정보를 빠르게 받아들이고 정리하는 능력이 생기게 된다. 이런 바탕이 갖춰졌을 때 비로소 변별력의 핵심인 수능 국어에서 밀리지 않게 된다.

내 아이가 입시에서 성공하기를 원한다면, 지금 당장 무엇을 해야 할지 자명하지 않은가? 바로 국어 공부의 시작, **독서의 생활화**다.

어휘의 한계가 곧 내가 사는 세상의 한계

> **문제** 버스가 왕복 이동한 총 시간을 구하시오.
>
> **정답** 4시간

약 2년 전 초등학교 3학년 학생들과 수학 문제를 풀고 있었다. 매우 간단한 개념 문제였는데 모두가 2시간이라고 대답하는 것이었다. 매우 단순한 덧셈 문제인데 왜 틀릴까, 의아했다. 아이들에게 물어보자 놀랍게도 '왕복 버스'라는 말의 뜻을 몰랐다고 했다. 그날 교실에 있던 학생 중에서 아무도 '왕복'의 뜻을 몰랐다. 대치동에서 나름 주름 좀 잡는다는 학생들이었는데도 말이다. 이전에 이런 단어를 본 적이 없냐고 묻자 본 적은 있으나 무슨 뜻인지 궁금하지도 않았고, 이 단어를 쓸 일이 없었다고 말했다. 당시 왕북초에 다니던 한 학생은 "우리 학교에

스쿨버스 없는데, 혹시 문제집에 인쇄가 잘못된 건가 했어요!"라고 말해 웃음을 터트린 기억이 있다.

이 사건이 있은 뒤의 일이다. 왕복의 뜻이 무엇인지 알게 된 학생들이 "선생님, 저 왕복이라는 단어의 뜻을 알기 전에는 그 단어가 잘 안 보였는데, 지금은 왕복이 붙은 단어가 정말 많이 보여요!"라고 말하는 것이었다. '아는 만큼 보인다'는 말은 이럴 때 쓰이는 것이 아닐까?

지금까지는 귀여운 초등학생의 에피소드였다면 이번에는 아래 지문을 살펴보자.

> 칸트에 따르면 **자율성**은 **윤리성**의 최상의 원리이며 모든 사이비 원리들의 **원천**인 **타율성**과 구별된다. 이런 점에서 윤리성을 하나의 환상적인 **이념**이 아닌 '그 어떤 것'으로 여기기 위해서는, 다시 말해 윤리적인 사람이 되기 위해서는 의욕의 **순전**한 형식을 자율로서 **근저**에 놓아야 한다. 결국 **선의지**로부터 **말미암은** 윤리성이 실제로 가능하기 위해서는 자유가 **전제**되어야 하는 것이다.
>
> 자유(Freiheit) [칸트 『윤리형이상학 정초』(해제), 2006, 김재호]

칸트가 쓴 『윤리형이상학 정초』의 내용 중 일부인데, 주요 어휘에 대한 이해 없이는 문장의 중심 내용을 전혀 알 수 없다. 어휘는 지식 습득에서 기본이 되는 틀이다. 어휘 없이는 그 어떤 개념도 익힐 수 없다. 새로운 지식을 받아들이려면 어휘 공부를 꼭 해야 한다. 전체 글 중 아주 적은 몇 단어만 막히는 경우라면 문맥에서 뜻을 유추할 수 있겠지만 대부분의 어휘가 낯설다면 그야말로 '흰 것은 종이요, 까만 것은 글씨'인 상황이 되는 것이다.

그러니 당연히 미취학 때부터 어휘 늘리기 대작전을 시작해야 한다. 가랑비에 옷 젖는 줄 모른다고, **어휘력은 매일 거듭되는 꾸준한 훈련에 반드시 반응하게 되어 있다.** 그런 아이들은 초등 고학년이 되면 대화의 수준이 달라지고, 문제를 이해하는 속도도 높아진다. 이런 어휘력은 결국 입시에서 위력을 발휘한다. 그러니 어휘 학습은 어릴 때부터 시작해야 한다. 근본적으로는 내 아이가 품고 담을 수 있는 세상을 크게 키워주기 위해서! 그리고 현실적으로는 입시에서 성공하기 위해서!

그렇다면 어휘력을 키울 수 있는, 수준에 맞는 양질의 콘텐츠는 어떻게 찾을까? 아이보다 먼저 책을 읽어보고 핵심 어휘를 체크한 뒤 아이가 책을 읽을 때 옆에서 계속 발문을 던져주거나 어휘 테스트지를 만들어 풀어보는 것도 좋은 방법이다. 하지만 국어 공부만 할 것도 아니고, 바쁜 맞벌이 학부모가 이걸 매번 찾고 만든다는 것은 어려운 일이다. 큰마음을 먹고 시작한다 해도 작심삼일이 되어버릴 공산이 크다.

그래서 학부모 상담 때 권하는 가장 간단한 방법은 초등 독해, 국어 문제집을 매일 꾸준히 풀게 하라는 것이다. 물론 독서는 삼시세끼 밥이고, 문제집은 영양제와 같은 것이라서 문제집으로 공부하는 것은 분명 탈이 난다고 하는 선생님도 있다. 하지만 공부를 꾸준히 지속할 수 있고, 제대로 읽었는지 꼼꼼히 점검할 수 있는 손쉬운 방법이 그래도 효과가 좋다고 본다. 바로 **초등 독해, 어휘 관련 학습서를 매일 일정량 꾸준히 학습**하는 것이다.

2021학년도 수능까지가 '불수능'이었다면 2022학년도 수능은 용광로라고 할 만큼 계속해서 난이도 높은 문제가 출제되고 있고, 언제나 그 첨병에는 국어 영역이 도사리고 있기에 문해력, 어휘력 그리고 독해 관련 책이 쏟아져 나오고 있다. 지금 당장 서점에 가보자. 매일 다양한 주제에 대해 몇 지문을 읽고 관련 어휘를 점검할 수 있도록 구성이 알찬 학습서가 즐비하다.

불과 몇 년 사이에 초등 독해 관련 학습서와 문제집이 얼마나 많이 출판되었는지 모른다. 국어 교육 전문가들이 모여 초등학생이 꼭 알아야 할 어휘를 초등학생 수준에 꼭 맞는 문장 수준으로 지문을 구성하고 그에 맞도록 다양한 유형과 어휘 문제까지 심혈을 기울여 배치한 것이다. 그 문제를 꾸준히 접하고 경험하는 활동이 수능까지 이어져야 한다.

아이가 좋아하는 것으로 학습서나 문제집을 선택해서 꾸준히 하게 하면 된다. 선택도 방법도 쉽고, 이 얼마나 간단한 일인가. 다만 '꾸준함'이 어려울 뿐이다. 이 부분만큼은 학부모가 주의를 기울여 관리해야 한다. 이제는 어휘 공부도 습관이다.

아무리 입시 제도가 들쑥날쑥 바뀌고 시험 난이도가 널을 뛴다 해도 흔들리지 않고 성공하는 학생의 뒤에는 반드시 굳은 심지를 가지고 어휘, 독해 공부를 꾸준하게 지도한 학부모가 있다는 것을 기억하자.

단단한 독해력이 타 과목에 미치는 영향

어휘력이 단단하다는 전체하에 독해력이 왜 필요하고 왜 중요한지를 이야기하고자 한다. 독해력이 타 과목 학습에 미치는 영향을 보면 그 중요성을 알 수 있다.

수능 국어에는 지식 측정뿐 아니라 대학 진학 후 전공 서적에 나오는 지문을 제대로 해석하고 이해할 능력이 있는지 보려는 목적이 있다. 배경지식이나 상식에 근거한 응시자의 의견이 아니라 오로지 **지문 내용을 충실하게 파악해 그것을 근거로 한 독해 능력을 측정하는 것**이 중요 포인트다. 예를 들어 지문에 '호랑이는 식물이다'라고 했다면, 자신이 알고 있는 배경지식이 아무리 호랑이는 '동물'이라고 해도 지문에 따라 '호랑이는 식물'이라는 생각을 장착하고 문제를 풀어야 하는 것이다.

이런 부분을 잘 숙지한 극상위권 학생의 학부모는 자녀에게 어휘력과 독해력을 키워주려고 영어나 수학 공부 못지않게 국어 공부에도 열을 올린다. 자녀의 학년이 높아짐에 따라 자녀가 어떤 학습 과업을 수행하고 있을지, 그리고 그에 맞는 학업 역량은 어느 수준에 도달해 있어야 할지에 대해 꿰뚫고 있다. 즉, 자녀가 고학년으로 올라갈수록 선행과 심화 수준은 계속 높아지고 배우는 양도 많아질 텐데, 제한된 시간에 순조롭게 소화하려면 학습 '가성비'가 높아져야 한다는 사실을 아는 것이다. 한 번 들었을 때 제대로 핵심을 잡아내고, 두 번 봤을 때는 완전히 내용을 소화해서 다음으로 나아갈 수 있도록 하는 데 필요한 힘이 바로 치밀하고 단단한 독해 능력이라는 것을 말이다.

대치동에서는 수학 3~4년 선행이 기본이라지만 그중에서는 초등 2학년이 중등 수학을 하고, 초등 3학년이 고등 수학을 하는 경우도 있다. 그것도 꽤 많이. 그런데 이렇게 선행에 길든 학생들이 고학년 때도 계속해서 그런 흐름을 이어갈까? 실상은 그렇지 못하다. 현행 수학을 하거나 1년 선행 정도를 유지하다가 초등 4~5학년 때 수학 공부를 본격적으로 시작한 학생들에게 뒤집히는 일이 허다하다.

역전하는 학생들은 초등 고학년까지 독해력을 착실하게 길러온 학생들이다. 꾸준히 국어 공부를 해온 학생은 고학년으로 갈수록 모든 과목에서 성취도가 월등히 높다. 비단 수·과학뿐 아니라 중·고등학교 교과목의 대부분은 사실적인 이해를 다루고 있고, 가치 판단을 요하는 것은 드물기에 독해력이 더욱 큰 힘을 발휘한다.

누구에게나 똑같은 시간이 주어졌는데 그 시간에 교과목을 같은 분량만큼 공부한다면, 독해를 빨리하는 학생이 성취도가 좋을 수밖에 없다. 주어진 내용을 읽고 이해하는 데 걸리는 시간이 단축된 만큼, 그 내용을 다른 내용에 연결하여 좀 더 깊이 있게 이해하고 의미 있게 문제에 적용하는 등 성취도를 끌어올리는 데 시간을 더 쓸 수 있는 것이다.

입시에 성공하려면 무엇이 우선인가를 고민할 필요가 있다. 성을 지으려면 먼저 기반을 튼실히 다져놓아야 한다. 그렇지 않다면 부실 공사가 되고 만다. 풍부한 어휘력과 단단한 독해력이 만나 다양한 학습의 성을 더 높이, 더 크게 지을 수 있게 하는 것이다.

입시 성공을 위한 올바른 국어 공부

아무리 열심히 입시에 열 올리며 수·과학 공부에 매진했다고 하더라도 대학에 가서 수·과학의 끈을 잠시 놓아버리면 풀던 문제를 못 풀기도 한다. 그런데 국어는 그에 비해서 공부한 시간이 좀 지났어도 실력이 크게 뒤떨어지지 않는다. 그리고 현재의 수능은 저학년부터 잘 갖춰온 국어 능력을 기반으로 높은 수준의 독해 능력, 작품 감상 및 추론 능력을 측정하고자 한다. 이것이 바로 저학년부터 어휘, 독해를 시작해서 꾸준히 국어 공부를 해야 하는 이유다. 하지만 저학년부터 어휘, 문법, 문학, 비문학 모든 부분을 나눠서 공부하는 것이 아니라 시기별로 나눠서 강약을 조절할 필요가 있다.

1) 초등 입학 전부터 제대로 읽고 말하는 연습을 시작해야 한다.

의미 단위로 또박또박 나누어 읽는 연습, 띄어쓰기를 고려하며 읽는 연습을 추천한다. 이게 별것 아닌 것 같지만 글을 읽으면서 동시에 내용을 이해하는 힘을 길러준다. 그리고 읽으면서 자연스럽게 어휘의 폭이 넓어진다. 상황을 생각하며 읽다 보면 그 어휘가 어떤 의미로 쓰였는지 자연스럽게 유추하는 습관을 기르게 된다. 개인마다 운필력이 천지 차이이므로 쓰는 것은 억지로 시키기 어렵지만 읽는 것은 누구나 충분히 할 수 있다.

2) 초등 입학 전에 한글을 읽을 수 있어야 한다.
위와 같은 활동을 하려면 한글을 떼야 한다. 한글로 된 책을 제힘으로 읽어낼 수 있도록 한글 공부를 일찍 시작해야 한다. 맞춤법이 완벽하지 않더라도 6세 전후로 책을 스스로 읽을 수 있을 정도로 교육할 필요가 있다.

3) 글을 읽고 이해하는 속도를 관찰해 초등 저학년 및 고학년 시기의 목표를 정리한다.
① 초등 1~2학년은 미취학 시기의 연장선상에서 '독서를 통한 어휘 확장'과 더불어 논술 학습지 등을 활용해 쓰기 연습(글로 생각을 표현하는 연습)을 꾸준히 진행하는 것이 좋다. 다만 지나치게 형식에 얽매이는 활동이 아니라 자유롭게 생각을 전개하되 자신의 생각이 어디에서 비롯되었는지 간단하게 설명할 수 있으면 충분하다.

국어 학습 역량이 빠른 성장세를 보인다면 이때부터 초등 1~3학년 대상 어휘 문제집이나 독해문제집을 매일 과제로 정해서 꾸준히 풀어보게 한다. 어차피 이 습관은 초등 고학년까지 가져가야 하기에 시작할 수 있는 학습 수준이 되면 빨리 진행하는 것이 좋다.

② 초등 3~4학년은 반드시 매일 과제로 어휘와 독해 훈련을 하되 '시사원정대'와 같은 어린이 시사잡지를 구독해 배경지식을 늘려주는 것이 바람직하다. 특히 이 시기에 사회, 경제, 과학, 예술 및 인문학 등에 대한 견문을 넓히는 것은 진로와도 밀접한 관련이 있기에 강력히 추천한다. 이렇게 쌓인 배경지식은 이와 관련된 다른 지식을 강력하게 끌어당기는 역할을 해준다. 또 본격적으로 수·과학 교과 선행과 심화의 양이 폭발적으로 늘어나는 초등 5~6학년 시기에는 어휘와 독해 매일 과제만으로도 국어 실력을 탄탄하게 쌓고 유지시킬 수 있는 근간을 만들어준다.

③ 위와 같은 단계를 밟아오면서 어휘와 독해의 기반을 탄탄하게 다져온 초등 5~6학년이라면 좀 더 수준을 높여 사자성어나 한자 어휘, 실생활에서 잘 사용되지 않는 순우리말 어휘 등을 학습하게 하면 좋다. 독해 연습은 당연히 초·중등 대상으로 나온 수준 있는 독해문제집을 사용해 매일 과제로 이어가야 한다.

중등 교과에서 다루는 문학작품(시, 소설, 수필 등)을 접하는 것도 이때부터가 바람직하다. 중학교에서는 내신 때문에 작품의 주제, 화자의 심경 등을 외우다시피 하지만, 고등에서는 해석을 요하는 경우가 많으므로 큰 그림을 보고 이때부터 문학작품을 읽고 감상하는 공부를 추가하는 것이 좋다. 『국어 교과서 작품 읽기』 시리즈는 중등 교과에서 다루는 주요 문학작품을 담고 있으며 문학 갈래에 따라 학년별로 구성되어 있어서 자신의 학습 단계가 몇 학년 수준인지 판단하기에 좋다. 무엇보다 문학이라는 장르에 쉽고 편하게 발을 디딜 수 있도록 친절하고 상세하게 안내하므로 매일 과제로 하기에 부담이 없다.

여기에서 필자만의 꿀팁 하나!!

**초등 5~6학년에는 기초적인 명제논리학을 학습하자.
꼬인 문장이 풀리고 논리적 문제해결력이 급상승한다.**

'사과는 과일이다'라는 문장은 참이지만, '과일은 사과이다'라는 문장은 거짓이다. 이것이 왜 참이고 거짓인지 증명하는 데 명제논리학이 매우 유용하게 사용된다. 어떤 것이 전제이고 어떤 것이 결론인지를 판단할 수 있어야 하며, 올바른 전제에서 비롯된 결론인지 파악할 수 있어야 논리적인 독해 및 이를 바탕으로 유의미하게 추론하는 등의 활동이 가능해진다. 이것도 역시 명제논리학 공부의 수혜를 받을 수 있는 종목들이다.

아무리 배배 꼬인 문장이라도 대우명제를 이용하여 비교적 이해하기 쉬운 문장으로 바꿀 수 있다.

'키가 크지 않으면 손아름이 아니다'라는 문장에 대우명제를 이용하면 '손아름은 키가 크다'는 쉬운 명제로 바뀌게 된다. 독해 문제 중에는 일부러 이렇게 문장을 어렵게 구성한 경우가 있으므로 미리 명제논리학을 간단하게라도 학습해두면 고난도 독해에서 매우 도움이 된다. 그리고 비단 국어 문제뿐 아니라 여러 영역의 문제 풀이에서 보다 수월하게 반례를 찾게 해주거나 말장난과 같은 함정을 쏙쏙 피할 수 있는 논리적인 시야를 갖게 해준다.

국어 문제집 선택 노하우

[어휘 편]

매회 상황에 적합한 긴 글을 읽으며 사자성어·속담·관용어를 학습할 수 있다. 다양하게 구성된 이야기를 읽고 문제를 풀면서 배경지식을 넓힐 수 있다. 평소 긴 글을 읽고 문맥의 흐름을 파악하는 것에 익숙한 아이에게 적합하다.

'국어·과학·사회' 교과서에 나오는 필수 어휘를 역사, 과학, 느낌, 국어 등의 영역으로 나눈 후 다양한 주제를 제시한다. 주제에 적합한 어휘를 선택하고 그림 낱말 카드와 같은 형식으로 한 면에는 간략한 삽화(사진)가 있고, 다른 면에는 어휘 설명이 있다. 긴 글을 읽는 데 서툰 아이에게 적합하다.

'수학·국어·과학·사회' 교과서에 나오는 필수 어휘를 공부한 후에 그 어휘가 포함된 글을 읽으며 문제를 풀어보는 형식이다. 어휘 수가 많지 않고 제시된 글도 길지 않아서 공부하기에 부담이 없다.

'국어·사회·과학' 교과서에 나오는 어휘를 한자어/고유어, 다의어/동음이의어로 정리했다. 주제별로 분류된 한자 성어와 관용어 및 속담을 제시한 후 해당하는 문제를 풀어보는 형식이다. 많은 어휘를 한꺼번에 공부하기에 실용적이다.

둘씩 대립되는 낱말 짝을 동시에 학습하는 형식이다. 제시된 어휘의 어원, 관련 정보 등을 소개하는 긴 글을 읽은 후에 문제를 풀어보는 형식이다. 한꺼번에 많은 어휘를 공부하는 것을 어려워하는 아이들이 시작하기에 좋은 어휘 책이다.

동일한 주제로 어휘를 공부한 후에 짧은 글을 읽고 어휘 풀이 활동을 한 뒤, 마지막으로 긴 글을 읽으며 내용 흐름을 파악하고 어휘를 공부하는 형식이다. 차분하게 꾸준한 자기주도학습이 가능한 아이들이 공부하기에 좋은 자료다.

[독해 편]

1일 1주제를 읽고 문제를 푸는 형식이다. 한국사·세계사 등의 주제를 시대별로 주요 특징을 정리하며 공부할 수 있다는 장점이 있다. 역사 외에도 과학을 주제로 한 교재도 있다. 제시된 지문과 관련된 사진·삽화 자료가 잘 정리돼 있다.

1일 1독해 전략에 해당하는 지문을 읽고 관련 문제를 푸는 활동이다. 상황에 알맞은 삽화와 시각적으로 자극이 될 만한 게임 형식이어서 학습자의 흥미를 유발한다.

1일 1독해 형식이며, 독해의 7원리를 주제로 친숙한 캐릭터가 등장해 호기심을 자극한다. 짧은 글을 먼저 제시한 후에 주제에 맞게 문제에 적용하는 연습을 한다. 이후 긴 글로 실전 연습을 한다. 매회 헷갈리기 쉬운 어휘의 원리를 문법적으로 풀어서 정리해주고 문제를 제공한다. 비문학·문학 등 다양한 글을 다루고 있다.

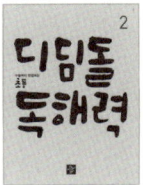
'수능까지 연결되는'이라는 부제에 맞게 교과서에서 배우는 활동이 수능에서 어떻게 연결되는지 설명해준다. 공부하는 이유와 방법을 상세히 설명해주고, 다양한 제재로 본문을 제시하고 있다.

1주에 비문학 3개, 문학 2개 총 5개를 순서대로 본문을 읽고 문제를 푼다. 하나의 주제를 묶어서 공부하는 방식은 아니다. 각 회의 마지막 장에는 해당 본문 중에서 중요한 어휘를 문제로 정리해서 점검해볼 수 있는 활동을 포함하고 있다.

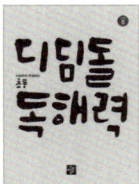
본격적인 독해 훈련을 위한 필수 주제를 '수능 국어'처럼 영역별로 나누어 지문을 제시한다. 독해의 기본 원리를 놀이처럼 설명한 독해력 특강이 각 영역이 끝날 때마다 실려 있다. 또 주요 어휘를 따로 정리해서 문제를 풀어볼 수 있다. '고학년' 독해라는 타이틀에 맞게 기본 연습이 충분히 쌓인 학생이 도전하면 좋다. 레벨이 상승할수록 수능 문제와 유형이 비슷한 문제를 풀어볼 수도 있다.

QR코드로 간단한 영상을 제공해 배경지식을 생성하도록 돕는 활동이 흥미롭다. 각 학년 목표에 맞는 '글의 유형, 읽는 방법, 읽기 태도'가 무엇인지 구분해놓았다. 확인 문제와 실전 문제를 제공하므로 다양한 문제를 풀어볼 수 있다.

초등 고학년을 대상으로 '문학과 비문학'으로 구분해놓았다. 실제 수능에서 다루는 영역과 지문별로 제시한다. 제시 글을 읽기 전에 주요 어휘를 익히는 활동이 있고, 문단별로 글의 구조와 핵심 내용을 정리하는 활동이 페이지별로 제시돼 있다. 그래서 편집이 다소 답답해 보일 수 있으므로 자기주도학습이 익숙한 고학년에게 권한다.

국어 학원 선택 노하우

　초등 때는 반짝 성적을 높여주는 곳보다는 공부 기초를 바로 세울 수 있는 곳을 선택해야 한다. 저학년 때는 정교하게 쓰는 것보다 자유롭게 자기 생각을 말로 표현하고, 다른 아이들의 의견을 경청하면서 자기 생각을 조금씩 다듬어갈 수 있게 해주는 곳이 바람직하다. 다만 이런 활동이 중심이 되다 보면 생각을 지면에 정리할 시간이 부족할 수 있어서 자칫 학부모들이 보기에는 결과가 없어 보일 수도 있다.

　물론 활동을 정리하는 과정은 꼭 필요하다. 그러나 학부모에게 그럴듯한 결과물을 보여주려고 집착하다 보면 수업 시간에 써야 할 내용을 알려주고 그대로 쓰게 하는 등의 부작용이 발생하기도 한다. 자기 생각은 담기지 않은 베껴 쓰기 혹은 받아쓰기가 되고 마는 것이다.

　저학년일수록 자유로운 생각 표현을 이끌어내는 데 집중하되, 이 수업만으로는 쓰기가 부족하다고 불안해하는 초보 엄마들에게 왜 이런 수업이 더 효과적인지를 계속해서 주지시킬 수 있는 노련한 강사가 있는 학원으로 가야 한다. 초등일수록, 저학년일수록, 학원을 따질 것이 아니라 초등 자녀에게 국어의 기초를 올바로 잡아줄 수 있는 신념과 마인드를 가진 강사를 만나야 한다.

　학원 프로그램이 아무리 좋더라도 그걸 제대로 소화해서 아이들에게 전달하고 아이들에게서 좋은 효과를 이끌어낼 수 있는 노련한 강사가 없다면 그 프로그램은 신기루일 뿐이다. 특히나 초등 저학년에게서는 수업 집중도를 이끌어내는 것만도 쉽지 않다. 그런 아이들을 이끌고 말이건 글이건 잘 표현하게 하려면 여러 아이를 잘 통제하는 능력이 중요하다.

　단, 굉장히 수준 높은 책이나 영상자료와 같은 콘텐츠를 내세우는 학원이나 프로그램은 재고해보는 것이 좋다. 학부모들은 그런 것을 하면 아이의 수준이 달라질 것이라고 믿고 싶겠지만 무엇을 하든지 수준에 맞는 것부터 시작해서 탄력을 받아야 한다. 아이의 역량을 한참 상회하는 프로그램에 넣어놓으면 학부모가 집에서 따로 챙겨야 하는 부분이 너무 많아진다. 미리 보고 가야 할 책이나 콘텐츠의 양이 늘어나서 그 또한 새로운 일이 될 수 있다. 또 수업 시간은 정해져 있어서 그 시간에 어려운 내용을 아이들에게 다시 정리해서 전달하는 데 그치는 경우도 허다하다. 이런 학원에 다니는 아이들은 어려운 책을 많이 접해서 그런지 "저 그거 봤어요", "저 그 책 읽어본 적 있어요"라고 말은 하는데, 그 콘텐츠가 가리키는 깊은 수준에는 결코 도달하지 못하는 경우가 많다. 말 그대로 수박 겉핥기인 것이다.

아이의 국어 수준이 충분히 된다고 판단될 때는 보내도 상관없지만 그게 아니라면 쉬운 책이라도 제대로 읽고 생각하게 만들어주는 학원을 선택하는 것이 옳다. 물론 그 안에서 어휘의 쓰임이나 어렵지 않은 수준의 글쓰기를 제대로 잡아주는 곳이라면 금상첨화다.

주변에서 이런 학원을 찾기가 어렵다면 국어 학원을 다니는 또래 친구의 엄마들에게 슬쩍 물어보자. 수업 후 집에서 어떤 활동을 더 했으면 좋을지, 수업 관련 도서 추천이나 집에서 더 해보아야 할 글쓰기 지도, 어휘 학습 피드백 등을 꼼꼼하게 개별 문자나 반별 단톡으로 안내해주는 선생님이 있다고 하면 반드시 그 학원에 등록하길 바란다. 초등까지는 대형 프랜차이즈가 아니어도 괜찮다. 그런 열정을 가진 강사라면 내 아이의 국어 첫걸음을 제대로 떼게 해주고, 모든 과목의 기본이 될 국어 실력을 내실 있게 키워줄 것이다.

3부

엄친아 엄친딸의
탄생 배경, 논리학

03

수·과학 잘하려면 국어를 잘해야 한다?

 과목 간 우선순위에 대해 설왕설래한다. 물론 어느 과목이 가장 우선이라고 단정할 수는 없다. 다만 바뀐 입시 경향과 각 입시기관에서 선발하고자 하는 인재상을 기준으로 본다면 의외로 답은 간단하다. 논리적인 사고를 측정해볼 수 있는 '국어'다.

 수학이 더는 산수가 아니고, 과학도 공식을 외워서 접근하는 과목이 아니기에 수학을 수학으로, 과학을 과학으로 극복하려고 하는 건 무리다. 그렇게 얕은 시야로 공부하다 보면 정작 입시기관에서 면밀하게 파악하려 하는 학생의 논리적인 문제 해결 능력, 추론 능력, 일반화 조직 과정을 키워나갈 수 없다. 입시에서 요구하는 수·과학적 능력은 '지금까지 배운 개념을 얼마나 다른 상황에 잘 대입시켜서 그 현상이 나타나는 이유와 앞으로 예상되는 결과를 논리 정연하게 설명할 수 있는지'에 대한 것이다. 그래서 논리 국어가 중요하다.

초등학교 문제 예시를 살펴보자.

[초등 3학년 수학 문제 예시]

아름이네 학교 같은 반 친구들 25명이 승용차와 버스를 타고 야외 활동수업을 다녀왔습니다. 갈 때는 10명이 버스를 탔고, 승용차에는 3명씩 타고 갔습니다. 돌아올 때는 승용차에 4명씩 타고 왔다면 버스에는 몇 명이 타고 왔습니까? (단, 각 차량을 운행해줄 운전자는 있었던 것으로 생각하고 문제를 풀도록 합니다.)

아름이는 구슬을 80개 가지고 있었는데 그중에서 $\frac{2}{5}$개를 인영이에게 주고, 남은 것의 $\frac{3}{8}$개를 경환이에게 주었습니다. 집에 돌아와서는 친구들에게 주고 남은 구슬을 동생과 똑같이 나누어 가졌다면 아름이에게 남은 구슬은 모두 몇 개입니까?

[초등 4학년 수학 문제 예시]

아래 그림에서처럼 ㉮물통에는 40L, ㉯물통에는 480L의 물이 들어 있습니다. 1분에 20L의 물을 퍼 올리는 펌프를 이용하여 ㉯물통의 물을 ㉮물통에 옮기려고 합니다. 펌프가 작동한 지 몇 분 후에 정전이 되어 펌프가 멈추었다가 얼마 후에 다시 작동시켰더니 32분 만에 두 물통의 물의 양이 같아졌다면 정전이 되었던 시간은 몇 분입니까?

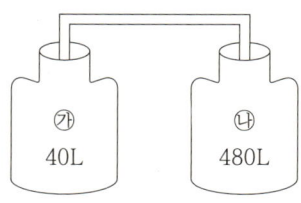

[초등 5학년 수학 문제 예시]

두 개의 비커에 각각 같은 양의 모래와 물을 넣어 그림과 같은 실험장치를 꾸몄다. 실험장치를 햇빛이 잘 비치는 곳에 두고 일정한 시간 간격으로 여러 번 온도를 측정하였다.

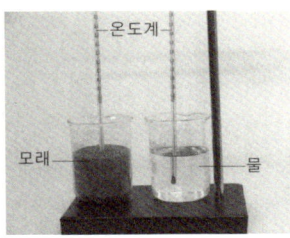

다음 중 이에 대한 설명으로 옳은 것을 모두 고르시오.

① 햇빛을 받을 때 모래가 물보다 빨리 가열된다.
② 햇빛을 받지 못할 때 물이 모래보다 빨리 식는다.
③ 같은 시간 동안 햇빛을 받을 때 모래와 물의 온도 변화는 같다.
④ 같은 시간 동안 햇빛을 받을 때 도달하는 최고 온도는 모래가 물보다 높다.
⑤ 햇빛을 받은 시간이 길어지면 모래와 물의 온도의 차이는 계속해서 커진다.

위 문제는 영재원 기출문제나 경시대회 문제가 아니라 일선 초등학교의 단원평가에서 출제된 것이며, 변별력을 위한 응용 난이도 정도의 문제다. 초등학생이 이런 문제를 풀 때 가장 필요한 능력은 무엇일까? 바로 적용 능력이다. 그러려면 개념부터 알아야 한다. 그리고 문제를 잘 읽어내는 습관이 중요하다. 문제에서 무엇을 묻고 있는지를 파악하는 게 우선이고, 해결을 위한 논리적인 구조를 만든 뒤 필요한 개념을 도입할 수 있어야 한다.

기초 교과 내용을 숙지하는 게 중요하지 않다는 것이 아니다. 더 중요한 것은 '이런 공식이 있으니 외우자'가 아니라 '왜 그런 내용이 나왔는지'를 순차적으로 이해하면서 구조화해야 한다. 그래야만 내용을 논리적으로 머릿속에 정리하며 저장할 수 있다. 그렇게 해야 학습한 내용이 유기적으로 연결되고, 필요할 때 꺼내서 요리조리 대입해볼 수 있는 것이다.

위 과정이 선제적으로 잘되고 있다는 가정하에 문제 적용력을 높이려면 다음과 같은 훈련을 해야 한다. 일단 문제에서 무엇을 묻고 있는지 정확히 파악해야 한다. 자신의 경험에 대입해서 적당히 자의적으로 해석하는 것이 아니라 문제에서 요구하는 상황을 객관적으로 해결할 수 있는 여러 조건을 면밀히 파악해야 한다. 그리고 그 문제를 해결하려면 지금까지 뇌에 저장했던 여러 개념 중 무엇을 소환할지를 결정해야 한다.

위의 두 단계에서 모두 필요한 것이 바로 '논리 국어'다. 기초적인 개념을 받아들이기 위한 것도, 정확한 개념 적용을 위해 문제 상황을 해석하는 것도 모두 논리 국어의 힘이 바탕이 되어야 가능하다. 이 두 가지를 조화롭게 발전시켜야 진정한 공부의 신이 될 수 있다.

고3 때 성적이 급등했다면? 기본 국어 실력이 남다를걸!

국어 영역은 수학, 사회 탐구, 과학 탐구 등 다른 영역과 달리 개념을 공부하고 문제 풀이 훈련만 한다고 해서 점수가 크게 오르는 영역이 아니다. 독해력, 논리력 등의 언어 사고력은 선천적인 재능만으로 결정되는 것이 아니며, 장기간에 걸쳐 다양한 분야의 책을 읽고 논리적 추론에 대한 학습을 통해 길러지는 영역이기도 하다. 하지만 이는 모두 어릴 때부터 차근차근 길러지는 능력이므로 갑자기 고등학생 되어서 공부를 시작한다면 극복하는 데 한계가 있는 것 또한 사실이다. 특히 비문학 독서 유형에서 이런 경향이 심하다. 유명한 강사의 인터넷 강의를 한두 개 듣고 점수가 오른 학생이 있다면 대부분 기본적인 언어 능력이 갖춰진 상태일 가능성이 크다. 그동안 시험 유형에 적응하지 못한 것일 뿐 강의를 듣고 적응을 마치면 점수가 크게 오르는 것이다.

수·과학 문제에서 성패를 가르는 논리학

과목을 막론하고 가장 중요한 것은 조건을 따져가며 문제를 읽고, 그 문제가 의미하는 것을 재빠르게 형상화하는 능력이다. 이 부분에 문제가 생기면 학습 내용을 처리하는 속도가 떨어지고, 전 과목에서 힘겹고 더딘 걸음을 떼게 된다. 학년이 올라가서 학습하는 내용이 어려워지고 학습량이 많아지면 문제는 더 심각해진다.

요즘 아이들은 머리가 참 좋다. 게다가 정보력을 총동원해 찾아낸 훌륭한 강사들의 수업을 듣고 나면 대체로 개념은 잘 이해한다. 그러니 선행을 한번 시작하면 그저 '앞으로 돌격!' 태세가 되는 것이다. 알아듣는 것처럼 '보이기' 때문이다. 그런데 개념 수업을 듣고 기본적인 문제를 다 섭렵한 학생이 조건이 다양하게 주어진 문장제 문제나 해석력이 절실하게 필요한 문제들 앞에서는 마치 처음 배우는 것처럼 순진한 표정을 짓는다는 게 함정이다. 이는 독해 능력이 떨어지는 데서 오는 문제다.

이런 근본적인 문제점을 짚어주면 학부모들의 반응은 이렇다. "개념은 이해하니 정말 다행이네요. 그럼 어떻게 해야 지금보다 진도를 잘 나갈 수 있을까요? 문제를 더 풀릴까요?" 일명 '양(量)치기', 뺑뺑이를 불사하겠다는 굳은 의지를 드러내는 것이다. 이런 악순환을 키우는 원인의 8할이 학부모라면 나머지 2할은 학원 탓이다. 자식에 대한 기대심리가 크고, 그렇기에 자녀 교육에 지갑 열기를 마다하지 않는 초등생 학부모를 대상으로 어떻게든 선행을 해야 한다고 부추기는 사교육업체의 불안 마케팅이 맞아떨어진 것이다.

초등학생은 중·고등학생에 비해 시간 여유가 많다. 그러니 소위 뺑뺑이를 돌리더라도 수·과학 진도를 잘 따라간다고 생각하면 학부모는 두려움이 가시고 위로를 얻는다. 게다가 주위에서 진도 팍팍 나가는 애들을 보면서 이렇게 수·과학을 밀어붙이고 있는 자신의 선택에 정당성을 부여하기도 한다. 그 아이들과 현재의 진도를 비슷하게 끌어올리려고 과하게 시간을 쏟으면 곧 땅을 치고 후회할 일이 생긴다. 일주일에 대여섯 시간 수학 공부하는 그 친구가 그 외 시간에는 놀기만 할까? 아니다. 그 시간에 다른 경험도 많이 하고, 책도 읽고 다른 과목 공부도 한다. 그렇게 그릇을 크게 키우면서 동력을 최대치로 끌어올리고 있을 때, 내 아이는 수학 진도만 똑같이 따라가겠다고 버둥거리다가 학년이 올라가서 시간이 부족해지면 그때서야 바닥을 보이는 것이다.

대치동 학원 강사들끼리 한목소리로 하는 말이 있다. 남들을 의식해서 수·과학 선행을 달리는 초등생 학부모들에게 진도를 좀 늦추더라도 여유를 갖고 독서를 시켜야 한다고 말하면 "아이의 자존감도 중요하니 남들만큼은 진도를 더 나가겠다"며 강행하던 학부모들이 꼭 중학교 입학을 앞두고는 망설임 없이 다시 중등 과정부터 등록하는 걸 목격한다는 것이다.

왜 그럴까? 그저 다른 아이들 분위기에 따라가는 것이다. 다 같이 진도를 낮추는 데 거리낌이 없으니 안 그래도 부족한 부분 때문에 고민이 많았던 학부모들은 이 기회에 마음 편히 과정을 내리는 것이다. 그런 모습을 볼 때마다 이런 마음이 든다. '이럴 거였으면 그냥 초등학교 때 좀 천천히, 꼼꼼히 하시지. 왜 이렇게 비효율적으로 학습하게 해서 아이들 고생을 시킬까!'

그런 와중에 진도를 늦게 시작했어도 남과 비교하지 않고 자신의 수준에 맞게 집중해서 착실하게 잘 따라온 학생들은 과정을 되돌아가는 일이 거의 없다. 오히려 지금껏 겉보기 등급만 쫙쫙 올려왔던 '프로 선행러'들보다 앞서가는 일이 비일비재하다.

막상 중·고등학생이 되면 수행평가다 뭐다 해서 할 일이 많은 데다 학교 수업은 늦게 끝난다. 그러다 눈 깜빡하면 시험이고, 방학 때 뭐 좀 다져보려고 하는데 또 눈 한번 깜빡하면 개학이다. 친구들과 재미있게 놀기도 전에 또 시험, 시험. 정말 시간이 부족하다. 이렇게 없는 시간을 쥐어짜서 그 중요하다는 수·과학을 학원으로 뺑뺑이 돌려보려 한들 한계가 있다. 기본 그릇이 작은 아이들이 고작 중·고등 6년으로 될까? 이미 초등에서 기본기를 다 갖추고 무섭게 달려나가는 아이들이 수두룩한데 말이다.

그래서 초등 때부터 논리적 사고를 훈련해야 한다. 고학년부터 시간 대비 학습 가성비를 최고로 올려줄 비법은 논리적인 사고방식을 갖추는 것이다. 막상 중·고등학생이 되면 공부할 학습량은 쭉쭉 늘어나는데 시간 대비 효율성은 날로 떨어지고, 그것이 그대로 결과로 나타나니 학습 의욕이 최고여야 할 시기에 오히려 자존감은 바닥으로 추락하게 되는 것이다. 그러니 수·과학 걱정 없는 극상위권이 되려면 초등 저학년 때부터 첫손에 꼽아야 하는 것은 '사실적·논리적 독해 능력을 기르는 것'임을 기억하자.

다양한 경험을 기반으로 하는 문제 해결력

가끔 이런 요청을 받곤 한다.

"유명 학습 관련 센터에서 영재성 검사, 풀배터리 검사를 받아봤는데 우리 아이가 상위 0.5% 안에 드는 영재라네요. 앞으로 어떻게 하면 좋을지 학습 로드맵을 컨설팅해주세요."

이에 대한 필자의 답은 똑같다.

"기본적인 사고 능력이 우수하니 영재성을 계발하려면 더욱 다양한 경험을 쌓아야 합니다. 많이 보고 많이 느낄 수 있도록 해주고, 독서를 많이 하게 해야 합니다. 그렇게 바탕을 쌓는다면 수·과학은 언제 하더라도 실력이 가파르게 오를 것입니다."

아이들은 본 만큼 상상할 수 있다. 아무것도 보고 느끼지 못한 상태에서는 상상의 정도도 제한적일 수밖에 없다. 문제를 읽고 문제 상황을 바로바로 머릿속에 형상화할 수 있는 것도 경험이 바탕에 있다면 속도가 빠를 것이다. 학부모들의 화두인 '문제해결력'을 키우는 데는 다양한 경험이 필수다. 하지만 늘 시간이 문제 아니겠는가. 요즘엔 역사, 환경, 생태, 천문, 발명 등 분야별로 전문화된 체험수업이 얼마나 많은가. 아이나 부모나 다 시간이 부족해서 이들을 모두 직접 경험할 수가 없다. 그렇기에 중요성을 더해가는 것, **제한된 시간에 가성비와 효율성이 최고인 영재성 트레이닝, 바로 독서다.**

어떻게 어떤 책을 읽게 할 것인지에 대한 정보는 시중에 넘치도록 책이 나와 있다. 유의할 것은 독서를 싫어하는 아이에게 갑자기 책을 강권하지 말아야 한다는 것이다.

개인적으로 책을 좋아하셨던 어머니의 욕심으로 집에 온갖 전집이 쌓여 있어 읽으며 자랐고 그 경험이 얼마나 중요한지 뼈저리게 알고 있건만, 이제 와서 보면 학생들의 독서를 지도하는 것만큼 어려운 일도 없다. 그래서 방학 때면 아이들을 일찍부터 불러다가 함께 책을 읽고, 관련 영상과 뉴스 기사도 찾아보고 발표 수업을 했다. 그 과정에서 조금씩 독서에 습관을 붙이는 아이들을 볼 수 있었다. 여기에서 가장 주효했던 점은 그 책과 관련 영상의 내용을 미리 파악해두고, 수업 서두에 그 이야기를 잘 뭉쳐서 호기심 가질 만한 흥밋거리를 툭툭 던진 것이었다. 이를 통해 호감이 생긴 아이들은 빠져들 마음의 준비가 되어 있기 때문에 책 속으로 뛰어드는 데 주저함이 없었다.

책으로 관심을 이끌어야 하는데, 그러려면 책에서 본 이야기를 흥미롭게 들려주어야 한다. 이도 여의치 않으면 유튜브에서 아이들이 꼭 읽었으면 하는 책을 소개하는 영상을 찾아 함께 보는 것도 도움이 된다. 조금이라도 아는 내용이 있으면 책 읽기가 한결 수월해진다. 그렇게 책 읽기가 만만해져야 서서히 독서에 습관이 붙고, 그런 습관이 생활화되면 남들과 비교우위에 서게 된다.

그렇다고 매일 책 1권 읽기, 독후감 쓰기와 같은 계획표만 리스트업 해놓고 아이가 하루라도 안 지키면 혼내는 악수를 두어서는 안 된다. 아이가 진정한 실력자가 되기를 원한다면 학부모부터 꾸준히 노력해야 한다.

4부

왜 수학인가

04

중요한 과목으로 수학을 첫손에 꼽는 이유

초등생 학부모들을 만나 무슨 과목이 제일 신경 쓰이는지 물으면 십중팔구는 "수학"이라고 답한다. 막상 진단해보면 수학은 지금까지 많은 시간을 들여서 공부해왔고, 현재 상황과 앞으로를 봐도 크게 문제가 없어 보이는데, 그래도 수학이 제일 걱정이란다. 정작 걱정해야 할 부분은 국어와 영어이고, 수학은 꽤 안정적으로 흐름을 타고 있는데도 말이다. 그래서 질문을 바꿔서 "입시에서 어떤 과목이 가장 중요한 과목일까요?"라고 물으면 아까보다는 좀 더 고민하다가 "다른 과목도 중요하지만, 그래도 수학이죠!"라고 대답한다.

수학은 어쩌다가 이런 강력한 존재감을 얻게 되었을까? 막상 대학에 가면 수학을 전공하지 않는 이상 거들떠보지도 않는 게 수학인데, 초중고 12년은 물론이고 미취학 때부터 수년간 수학 하나에 안달복달하는 이유가 뭘까?

뭐니 뭐니 해도 입시 때문이다. 그리고 또 하나, 수학은 타 과목에 비해 초중고가 연결되는 진도 흐름이 바로 보이기 때문이다. 수학은 변별력이 큰 과목이고, 수능 시험 범위가 정해져 있으니 그 범위를 미리 탄탄하게 다져놓으면 그만큼 입시에서 유리하다는 믿음에서 진도를 빨리 끝내고 반복해서 다지고 또 다지려 하는 것이다.

입시를 빼놓고 수학을 논할 수 없어

이과계열 특목고 입시를 생각한다면 수학은 필수가 맞는다. 영재고나 과학고(이하 영과고)는 입학 후 그곳에서 공부하는 것만으로도 상위권 대학이 어느 정도 보장되는 것이 사실이다. 이들 학교의 설립 목적이 수·과학에 높은 흥미와 관심을 가진 영재를 특별 관리하고 육성하려는 것인 만큼 그곳에 입학하려면 수·과학 분야에서 우수한 심화 능력을 지녀야 한다. 그래서 영과고의 명문대 진학 비율을 보면 아무리 우수한 지역 명문고여도 감히 명함을 내밀 수가 없다. 일단 영과고에 진학하게 되면 이공계열 진로에 특화된 각종 과목을 선택할 수 있고, 그 교과목과 각종 관련 활동으로 꽉 채워진 학생부가 든든하게 받쳐주기에 상위권 대학 이공계열 진학이 매우 수월해진다. 그것도 수능 없이 수시로 말이다.

다음은 2020년, 2021년 전국 영과고 서울대 진학 실적이며, 해외 및 국내 유명 대학 및 의치한까지 합치면 그 영향력은 더욱 크다.

[2020년, 2021년 영과고 입시 실적 데이터]

	학교별 한 학년 정원	서울대 진학 실적	
		2020학년도	2021학년도
서울과학고등학교	총 132명	63명 (수시 53명)	68명 (수시 56명)
경기과학고등학교	총 132명	57명 (수시 54명)	53명 (수시 47명)
광주과학고등학교	총 99명	30명 (수시 30명)	30명 (수시 30명)
대구과학고등학교	총 99명	32명 (수시 31명)	35명 (수시 34명)
대전과학고등학교	총 99명	33명 (수시 33명)	43명 (수시 43명)
한국과학영재학교	총 120명	20명 (수시 18명)	37명 (수시 33명)
세종과학예술영재학교	총 90명	21명 (수시 21명)	32명 (수시 32명)
인천과학예술영재학교	총 83명	26명 (수시 23명)	29명 (수시 29명)

 그렇다 보니 영과고 선발 과정은 매우 까다롭다. 수·과학 분야에서의 높은 학습 능력은 물론 자신의 진로와 관심사도 증명해 보여야 한다. 그러니 실제 입시에 도전하는 중등 2학년 전까지는 최소한 고등 수학과 경시 입문 이론, 중·고등 과학에 이르기까지 폭넓고 깊이 있는 공부를 해야 한다. KMO(한국수학올림피아드)나 과학 올림피아드도 심화 능력을 기르려고 도전하는 일반화된 코스가 되었다. 그러려면 중등 1학년까지 적어도 고1~2 수준의 수학을 공부해야 하고, 그 외 경시대회 준비에 필요한 학습도 해야 한다. 그러려면 최소한 초등 6학년 말까지는 중등 심화 과정을 마쳐야 한다. 중등 심화를 꼼꼼히 하려면 2년 정도 투자해야 하기에 초등 5학년 초부터는 시작해야 한다. 그러려면 초등 4~6학년 과정을 적어도 초등 3학년 가을에는 시작해야 한다는 계산이 나온다.

 영과고를 포함한 특목고 입시에 필요한 최소한의 수학 수준이 이 정도이고, 입시에서 매우 강력한 이과계열 특목고의 이슈가 건재하다 보니 수학은 늘 중요 과목 1순위일 수밖에 없다. 특목고가 목표가 아니라 의대가 목표인 경우도(의대 진학에 특목고는 오히려 불리하다) 상황은 비슷하다. 목표가 다른데도 도대체 왜 그렇게 공부를 하는 걸까? 막상 특목고 입시에서 떨어진다고 해도 일단 공부해놓으면 일반고에서 높은 경쟁력을 가질 거라고 믿는다.

문제는 그 빡센 공부라는 것이 대부분 수학에 많은 시간을 할애하는 것이고, 눈에 보이는 진도를 빨리빨리 나가서 겉보기 등급만 높아지는 것이라면, 대단한 착각이고 실패하기 쉬운 전략이라는 사실이다. 게다가 이 방법은 경제적, 시간적으로도 매우 비효율적이다.

많은 학부모가 명문대의 의치한 계열에 자녀를 보내려면 영과고 학생들이 준비하는 만큼의 수·과학 공부를 시켜야 한다는 강박에 사로잡혀 있다. 이 때문에 타 과목 공부는 등한시하고 초등 때부터 경주마처럼 그저 수학 선행과 각종 경시대회에 쫓기면서 내달리는 아이들을 볼 때면 마음이 답답해진다. 학부모가 입시에 대한 장기적인 안목을 가지고 아이로 하여금 적기에 적절한 교육을 받을 수 있게 하는 것이 중요하다.

선행을 하는 근본적인 이유는 입시

수학 선행은 언제나 핫 이슈다. 비단 수학만 그렇겠는가. 따지고 보면 영어유치원은 영어 선행이고, 호기심을 길러주겠다며 미취학 때부터 보냈던 실험 과학학원은 과학 선행이다. 정말로 아이가 영어를 능숙하게 구사해서 글로벌 시대에 맞는 사회인으로 성장하기를 바라서 영어를 일찍 시작하는가? 그런 목적도 있겠지만 메인 목표는 입시다.

어차피 입시에서 영어는 필수다. 영어가 선택 과목이 아닌 이상 잘해야만 하고, 잘하려면 학교에서 배우는 속도로는 승부수를 띄울 수 없다. 또 영어는 언어이기 때문에 어릴 때부터 최대한 영어를 사용하는 환경에 많이 노출시켜 자연스레 감각이 길러지기를 바라는 것이다. 수·과학에 올인해야 하는 시기에는 따로 시간을 내서 영어 단어 외우고, 문법 공부하고, 꾸준히 리딩 훈련할 시간이 빠듯하다는 것을 알기에 '영어는 미리미리'를 외치게 된다.

그나마 다행(?)히도 영어에서는 '더 일찍! 더 빨리!' 이런 흐름이 가속화되고 있지는 않다. 10년 전과 지금을 비교해봐도 크게 달라진 흐름은 없다. 오히려 토플뿐 아니라 각종 영어 경시대회와 토론대회 등에 시간을 쏟아붓던 학생의 비율이 확연히 줄어들었다. 이는 선발 과정에서 선행의 역할이 극도로 위축되고 내신만으로 학생을 선발해 변별력을 잃게 되면서 입시에서 좋은 성과를 낼 수 없게 된 외고의 몰락과도 관계가 있을 것이다. 여기에 더해 수능 영어 절대평가(90점 이상이면 1등급)도 영어 심화와 선행을 일정 수준에 묶어두는 데 한몫하고 있다. 이와 정반대 상황이 바로 수학이다.

수능에서의 수학은 상대평가다. 고작 한 문제를 틀렸을 뿐인데도 1등급이라고 단언할 수 없다. 이는 내신에서도 마찬가지다. 실제로 중학교 내신에서 시간 분배에 실패하거나 계산 실수로 수학 한 문제만 틀려도, 혹은 서술형에서 과정 서술 오류나 단위를 안 쓰는 등의 이유로 감점을 받아 A등급을 받지 못하는 경우가 허다하다. 그나마 중등 내신은 90점 이상이면 A를 받을 수 있는 '절대평가'지만 고등 내신은 수능과 마찬가지로 (영어 제외) '상대평가'이기에 한 문제 차이에도 등급이 위아래로 롤러코스터를 타게 된다. 그래서 등급이 밀려나지 않으려고 다음 두 가지 수학 공부의 대전제를 세우고 선행을 하는 것이다.

1) 빨리 풀어야 한다.
→ 시험 시간은 제한되어 있다.
→ 그 안에 빨리 풀면 풀수록 검토할 시간이 확보된다.
→ 검토 시간이 충분하면 그만큼 실수를 줄일 수 있다.

→ 빨리 풀려면 문제에 익숙해야 한다.
→ 문제에 익숙하려면 내용을 미리 봐야 유리하다.
→ 그리고 최대한 많이 풀어봐야 유리하다.
→ 최초 내용 학습의 시기가 앞당겨진다면 문제 풀이를 많이 할 수 있다.
→ 그래서 수학 선행을 해야 할 이유가 생긴다.

2) 잘 풀어야 한다.
→ 객관식이나 단답형 주관식 문항과는 달리 서술형 문항은 빠르고 정확한 문제 해석, 문제 해결을 위한 최적의 아이디어 도출, 그리고 논리적으로 합당한 풀이 과정까지 모든 것을 충족해야만 한다. 유형 문제집 몇 권을 반복한다고 되는 것이 아니다.
→ 풀이 과정 자체가 변별력이 되는 과목은 수학이다.
→ 정확한 풀이 과정을 구사하는 것도 습관이다.
→ 그래서 어릴 때부터 풀이 과정을 쓰는 습관을 길러야 한다.
→ 풀이 과정이 절실하게 필요한 문제는 적어도 초등 고학년 심화 문제부터다.
→ 따라서 수학 심화 선행을 해야 한다.

중등 내신이 뭐 그렇게 중요하냐고 묻는 분들도 있다. 실제 고등 내신 관리부터가 입시의 꽃이라고 하시는 분들도 있다. 그런데 아까 이야기했던 영과고 입시에는 중등 생활기록부를 제출해야 하기에 중등 내신 관리가 굉장히 중요하다. 일정 기준을 충족하지 못하면 1차 서류조차 낼 수 없다. 중등 내신에서 수·과학에 B가 있으면 특목고 입시는 물 건너갔다고 보면 된다.

게다가 이건 특목고 진학을 희망하는 학생들만의 경쟁인 중등 내신의 세계다. 특목고가 목표가 아닌 학생도 내신 시간에는 너나 할 것 없이 최선을 다해 열심히는 한다지만 실수가 있다고 해서 그게 크나큰 상처로 남지는 않는다. 어차피 대입에서는 고등 내신만 반영하니까.

그렇다면 듣기만 해도 살 떨리는 치열한 입시 최전선인 고등에서는 어떠할까? 내신이다 수능이다 할 것 없이 무한 경쟁체제다.

수능의 변별력이 날로 커지고 킬러 문항의 난도가 아무리 높아진다 한들 수학의 광풍이 워낙 거세기에 그 풍파를 다 겪어온 최상위권 학생들의 실력은 어떤 변수가 있어도 그것을 넘어서는 힘을 지닌다. 그렇기에 내 자식이 그 정점에 설 수 있게 하려고 선행을 포기하지 않는 것이다. 어찌 보면 너무나 정당한 이유가 아니던가. 똑같은 목표를 가졌다면, 그리고 그것을 평가하는 범위가 제한적이라면 가능한 한 먼저 시작하는 게 유리한 것은 사실이다. 여기에서 중요한 것은 **아이가 진행해야 할 과정이, 아이가 소화할 능력이 되는 시기에 놓여 있는지**다.

수학만 해서 입시 성공을 바라보는 것은 어렵기에 다른 과목을 함께 발전시키는 시간을 확보하는 것도 중요하다. 앞선 학년의 수학 내용을 이해할 정도로 머리도 트였고, 심화 문제를 해결할 정도로 과제 집착력도 길러졌고, 과정 서술도 할 수 있는 정도라면 선행을 시작해도 된다. 현재 몇 학년인지는 중요하지 않다. 그저 목표하는 선행 진도를 할 수 있는 정신 상태를 지녔다면 된 것이다. 그게 핵심이다.

초등 3학년이 중2 수학을 한다고 해서, 초등 5학년이 고등 수학을 한다고 해서 그 자체로 무리한 선행은 아니다. 다만 학습하는 자세와 태도, 개념을 소화하는 수준, 문제를 서술하는 능력이 중2, 고등학생과 엇비슷해야 한다. 그래야 그 과정을 제대로 받아들일 수 있다. 아이가 지금 바로 그런 때를 맞이하고 있다면 망설일 이유가 없다. 얼마든지 먼저 시작하고 먼저 경험하게 하면 된다. 입시는 현실이니까.

그런데 그것과는 한참 동떨어진 아이를 엄마가 목줄 잡아당기면서 힘들게 끌고 가는 근본 없는 선행이야말로 머릿속에 남는 것 없이 허울만 좋아 보일 뿐이다. "내 아이는 초등인데 중등 과정을 하고 있어. 진도에서 뒤처지지 않아서 다행이야"라고 말하며 부모의 심신 안정을 위해 아이를 소모하지 않길 바란다.

고학년일수록 역전하기 힘든 수학

문제 ㉮와 ㉯에 알맞은 수의 합을 구하시오.

㉮ : 52 = 6 : 13

36 : 27 = ㉯ : 9

문제 다음 비례식에서 가와 나의 합을 구하시오.

3.6 : 1.2 = 6 : 가 $\frac{1}{6} : \frac{1}{24}$ = 나 : 1

6학년 과정에서 나오는 비례식 외항과 내항의 곱으로 푸는 계산 문제다. 6학년에서 배우는 '비와 비례'는 초등 3학년 때 처음 배우는 분수에서 시작해 5학년 때 배우는 약수와 배수를 거쳐 완성된다. 초등 3학년 때 분수의 개념을 정확하게 이해하지 못한 초등 4학년 학생이 놀랍게도 이 문제를 풀었다. 물론 비와 비율, 비례식에 대한 개념을 설명해보라고 하면 전혀 할 수 없었는데도 말이다.

비와 비율

◆ 두 수의 비

(1) 비의 뜻: 기준을 정하여 서로 다른 두 수나 양을 비교하는 것을 비라 하고, 기호 : 를 사용하여 나타낸다.

(2) 비를 여러 가지 방법으로 나타내기

```
        3    :    8
   (~의)        (~에 대한)
   비교하는 수    기준이 되는 수
   비교하는 양    기준량
   분자에 해당    분모에 해당
```

① 3 대 8
② 3과 8의 비
③ 8에 대한 3의 비
④ 3의 8에 대한 비

◆ 비율과 비의 값

(1) 비율: 기준량에 대한 비교하는 양의 크기를 비율이라고 한다.

$$(비율) = \frac{(비교하는\ 양)}{(기준량)}$$

(2) 비의 값: 기준량을 1로 볼 때의 비율을 비의 값이라고 한다.

3 : 8
① 분수 $\frac{3}{8}$ ⇨ $\frac{(비교하는\ 양)}{(기준량)}$
② 소수 : 0.375 ⇨ (비교하는 양) ÷ (기준량)

비례식

◆ 비례식 알아보기

(1) 비의 값이 같은 두 비를 등식으로 나타낸 식을 비례식이라고 한다.

3 : 4의 비의 값은 $\frac{3}{4}$이고, 6 : 8의 비의 값은 $\frac{6}{8}(\frac{3}{4})$이므로,

$$\frac{3}{4} = \frac{6}{8} \quad ⇨ \quad 3 : 4 = 6 : 8$$

분수의 등식을 비례식으로 표시할 수 있다.

(2) 비례식의 항
① 두 비 3 : 4와 6 : 8에서 3, 4, 6, 8을 비의 항이라 하고, 앞에 있는 3과 6을 전항, 뒤에 있는 4와 8을 후항이라고 한다.

② 비례식 3 : 4 = 6 : 8에서 바깥쪽에 있는 두 항 3과 8을 외항, 안쪽에 있는 두 항 4와 6을 내항이라고 한다.

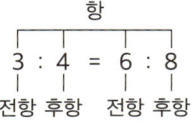

◆ 비의 성질
(1) 비의 전항과 후항에 0이 아닌 같은 수를 곱하여도 비의 값은 같다.

   2 : 3   → $\frac{2}{3}$

   (2×2) : (3×2) = 4 : 6   → $\frac{4}{6} = \frac{2}{3}$

(2) 비의 전항과 후항에 0이 아닌 같은 수를 나누어도 비의 값은 같다.

   12 : 18   → $\frac{12}{18} = \frac{2}{3}$

   (12÷6) : (18÷6) = 2 : 3   → $\frac{2}{3}$

◆ 비례식의 성질

내항의 곱과 외항의 곱은 같다.

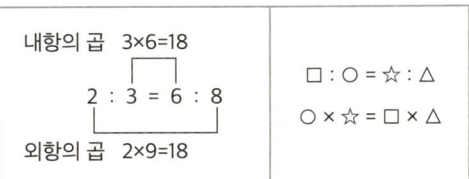

이걸 제대로 이해하지 못한 채 어떻게 문제를 풀었을까? 내항의 곱과 외항의 곱이 같다는 것만 공식으로 기억하면 되니까 가능했다. 비례 관계와 비의 값, 이런 개념 없이도 그냥 그 공식만 알고 있다면 곱셈 나눗셈이 되는 아이들은 풀 수 있는 문제가 되어버린다. 개념 이해 없이 이게 어떻게 가능한 건가 싶으면서도 이런 건 초등이니까 가능한 것은 아닌지에 대해 의문을 표하는 분들도 있다. 천만에! 중·고등 과정에서도 마찬가지다.

> 오른쪽 그림과 같이 ∠C=90°인 직각삼각형 ABC에서
> $\overline{AB}$=5 cm, $\overline{BC}$=4 cm, $\overline{CA}$=3 cm일 때, 내접원의 반지름의 길이를 구하여라.

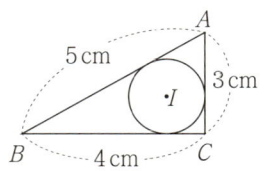

위의 문제는 삼각형의 내심의 성질과 더불어 원의 접점으로부터 원의 중심에 이르는 선분과 그 접선은 수직한다는 성질을 알고 있어야 풀 수 있는 문제다. 그 성질을 가지고 내접원의 반지름과 삼각형의 세 변을 이용한 삼각형의 넓이를 구하는 공식을 유도해내는 것인데, 그 앞뒤 과정은 쏙 빼놓고 $S_{\triangle ABC} = \frac{r}{2}(a+b+c)$ (r=내접원의 반지름, a,b,c는 삼각형의 세 변의 길이)라고 외운다 한들 저 문항을 풀어내는 것에는 아무런 문제가 되지 않는다.

문제는 근본 없이 단순 암기한 공식만으로는 문제 적용범주가 너무 한정적이고 휘발성이 강하다는 것이다. 딱 그 단원을 공부할 때만 '잘하는 것처럼' 보이는 것이 공식만 주야장천 외우는 아이들의 특징이다. 중학교 때까지는 시간도 많이 투자하고, 많은 양의 문제로 어떻게든 시험을 버텨내는 듯한데 (그리고 이런 결과에 부모도 나름 안심한다) 실상은 이미 서서히 추월당하고 있고, 그걸 본인만 눈치채지 못하는 함정에 빠져 있다. 한번 보고 들은 걸 '안다'고 착각하기

때문이다. 고작 한번 훑어보고 벼락치기 시험 공부를 했을 뿐인데 일단 진도는 나갔으니 의심을 하지 않는 것이다. 그런데 고등학교에 들어가면 자신보다 선행 느리다고 신경도 안 썼던 친구에게 철저히 역전당하는 경험을 하게 된다. 자기주도학습 능력을 갖추고, 개념 이해와 해석 능력까지 갖춘 월등한 경쟁 상대는 차고 넘칠 만큼 많다.

근본 없는 선행 학습이 그나마 효과를 보는 것도 중등까지다. 고등학교에서는 단기 기억력에 의존한 공부로는 절대 빛을 볼 수 없다. 초등 수학부터 고등 수학까지 학습해야 할 여러 개념을 하나하나 떼어놓고 연관된 것끼리 줄을 그어보면 촘촘한 매트릭스가 만들어진다. 이렇게 전체적으로 연결된 개념이 하나씩 확장되며 심화 수준으로 올라가기 때문에 수학을 처음 시작할 때부터 개념을 철저히 이해해야 한다.

개념은 경험을 통해 습관화된다. 진짜 공부 잘하는 아이들은 자기가 어떤 좋은 습관을 지녔는지 모른다. 그들에게는 당연한 일상이기 때문이다. 이런 아이들은 고등에서부터 월등히 빛을 발하게 된다. 단기간에 머릿속에 쏟아붓고 흘려보내기를 반복했던 아이들은 그 이상 메울 수 없는 구멍과 마주하게 된다. 문제는 이 차이가 초등에서는 안 보인다는 것이다.

그럼 중등에서는 어떨까? 중등이야말로 내신 관리 때문에 많은 양의 문제집을 푸는 데다가 시험 범위가 한정되어 있어서 단기간 벼락치기와 문제 반복 풀이로 어느 정도 눈가림할 수 있다. 제대로 된 개념 학습이 부재한 채로 초등 6학년부터 시작한 고등학교 1학년 수학을 3년째 몇 바퀴 돌면서도 여전히 오답률은 줄지 않는 아이들도 내신 시험에서는 선행과 벼락치기로 그럴싸한 성적을 받는 경우가 있다. 결국은 고1 내신과 모의평가에서 민낯이 드러나는 경우가 허다하다.

초등 때는 배운 것이 얼마 없고 아직은 말랑할 때라 습관을 교정하기가 쉽지만 모든 것이 실전인 고등에서는 그 차이를 메우기가 현실적으로 어렵다. 깊게

뿌리 박힌 잘못된 습관을 교정하는 데 오래 걸리기도 하고, 입시를 수학 하나로만 치르는 게 아니기에 초·중등 때처럼 수학 한 과목에 많은 시간을 투자할 수가 없다. 오히려 다른 과목에 투자하는 게 가능성이 높다고 판단해 과감히 선택적 '수포자(수학을 포기한 자)'가 되는 경우도 있다.

상위권의 기준이 수학인 이유는 뭘까? 입시에서의 수학은 단기간 노력으로 최상위권을 점할 수 없기 때문이다. 여기에서 노력은 수학적인 역량 자체를 키우려는 노력과 더불어 선행의 적절한 시기가 맞물려야 하는 것이다. 아무리 일찍 시작해도 뒤늦게 실패하는 경우를 보면 무조건적인 선행이 능사는 아니다. 일반고에서 내신과 수능을 준비하는 경우라면 수학의 개념을 받아들일 수 있는 시기에 선행을 시작해 차근차근 기본기를 다진 아이들이 결국은 입시에서 성공한다. 중요한 건 대입이다. 그때 가서 뒷심을 발휘하려면 초등 저학년 때부터 선행 계획을 올바로 짜야 한다.

고등학생이 되어서 아이의 문제를 직시한다고 한들 그때는 해결할 시간이 주어지지 않는다. 당장에 또 다른 시험과 수행평가 등이 계속해서 기다리고 있다. 고등에서의 이 모든 활동은 철저하게 기록되며 그것이 입시의 성패를 가른다. 그래서 고등학교에 가면 수학에서 역전하기가 어렵다. 진도에만 급급하지 말고 장기적 안목을 장착해서 현실적으로 바라보자. 초등부터 10년 넘게 제대로 쌓아야만 대입에서 요구하는 수학의 수준을 가뿐히 넘어설 수 있다.

논리적 생각 습관을 길러주는 수학

수학은 논리학이다. 모든 과목에서 논리적 사고력이 중요하겠지만 수학만큼 그 자체가 논리학인 과목이 있을까. 아무리 수학을 하는 현실적인 이유가 입시라고 하지만, 입시를 떠나 우리 삶의 장기적인 관점에서 바라보면 논리적 사고를 배양하는 데 가장 좋은 학문이 수학임을 부인할 수 없다. 그래서 논리력을 기르는 데 가장 좋은 과목은 뭐니 뭐니 해도 수학이다.

거기에 미래 사회에서 수학이 중요한 이유까지 살펴보자. 수학은 자연이나 사회 현상을 추상, 계량화하여 그 현상의 본질에 대해 일반화된 식을 사용해 설명하는 학문이다. 단순히 공식을 외우고 그에 대입해서 답을 구하는 데 기쁨을 느끼는 게 수학이 아니라, 복잡하고 어려운 상황을 최대한 단순화하여 어떻게 해결해야 할지를 논리적으로 생각하고 방법을 찾는 과목이 바로 수학이다.

단순히 수학 점수가 높은 것이 아니라 수학적 학습 역량이 뛰어난 아이들을 관찰해보면 꼼꼼한 자료 분석 능력과 더불어 엄밀한 논리 체계를 갖추고 있고, 그 논리적 흐름을 따라서(추론) 일반화하는 능력이 탁월하다. 이런 능력은 미래 사회에서 중요한 경쟁력이 된다.

사회에 나오면 열심히 배웠던 미적분은 딱히 써먹을 데가 없지만, 수학에서 형성된 논리적인 생각 습관은 삶을 더욱 풍요롭게 할 것이다. 어떤 직종을 선택하든 객관적으로 상황을 파악하고 논리적으로 사고하여 최선의 의사결정을 하는, 이른바 탁월한 문제 해결력을 지닌 사람은 더 빨리 성공할 수 있기 때문이다. 물론 미래 사회에서 각광받을 주요 직종군에서는 수학이 가장 기초이자 중요한 과목임은 두말할 필요도 없을 것이다.

그래서 수학을 잘 배우는 게 중요하다. 문제를 풀려면 어떤 개념을 활용해야 가장 효율적인지를 고민하는 아이로 키우자. 입시에서도 성공하고 사회에서도 성공하는, 논리로 무장한 아이로 키우려는 욕심이 있다면 적어도 수학 공부만큼은 정도(正道)를 걷자.

5부

수학 공부,
어떻게 시작할까

05

교구 수학, 연산 학습지, 사고력 수학에 대한 솔직한 이야기

 수학을 처음 접할 때는 반드시 수학적 사고력을 틔워줄 조력자가 옆에 있어야 한다. 작은 것이라도 계속 질문하고, 연관된 다른 것들에 호기심을 갖게 해 주는 사람이 있어야 한다. 그런 노력이 있다면 수감을 타고나지 않은 아이라 하더라도 빠르게 수학적 감각을 끌어올릴 수 있다. 그렇게 유아기부터 '수학은 재미있는 것, 흥미로운 대상'이라는 인식을 심어주어야 초등 때부터 탄탄하게 가속을 붙여나갈 수 있다. 그래야만 특목고 입시부터 대입과 같은 큰 벽을 거뜬히 넘을 수 있게 된다.

 사교육 시장의 추세를 보면 본격적으로 학습을 시작하는 시기가 점점 빨라지고 있다. 영어건 수학이건 모든 과목의 학습이 초등학교 입학 전부터 시작되고 있다. 특히 수학은 영유아기부터 각종 교구 수업으로 활발히 이루어지고 있고, 한글을 몰라도 할 수 있는 연산 학습지는 계속해서 인기다. 초등 5학년부터 입학 테스트를 보는 유명한 사고력 학원에서는 테스트조차도 모든 시간대가 마감 행렬일 정도다. 과연 유아기부터 시작하는 연산 학습, 사고력 수학, 교구 수학이 정말 도움이 될까? 결론부터 말하면, 당연히 효과는 있다.

① 교구 수학

특히 유아기에 시작하는 교구 수학은 직접 다양한 크기와 재질의 교구를 보고 만지고 조작하는 과정에서 다양한 감각 발달이 조화롭게 이루어지며 소근육 발달에도 도움이 된다.

요즘은 유아기부터 초등 저학년까지 발달 단계에 따른 다양한 수학 영역의 교구가 있고, 가이드북까지 친절하게 나와 있기 때문에 전문가의 도움이 없어도 교구를 이용한 교육을 시도해볼 수 있다. 맘카페나 블로그만 검색해도 교구를 사용해서 아이들과 재밌게 놀이 수학을 하는 열혈 맘들의 정보를 얼마든지 얻을 수 있다.

다만 교구 수학은 연령대에 맞춰서 교육 시기를 잘 잡는 것이 중요하다. 너무 어린 유아기부터 무리하게 학습 목적으로 교구 교육을 하기보다는 즐겁게 놀이 중심으로 접근해 발달 과정을 살피면서 서서히 수학 개념을 익히도록 하는 것이 바람직하다.

② 연산 학습지

연산 학습지는 너무 올드한 콘텐츠라고, 그런 기계적인 연산은 요즘 시대에 맞지 않는다며 고개를 내젓는 학부모도 있다. 그렇다고 학습지 대신 선택하는 걸 보면 그 역시도 어차피 연산 문제집들이다. 물론 연산의 원리에 대해 훨씬 다양하게 사고하고 실행해보는 사고력 요소가 훨씬 더 가미되어 있어서 집에서 매일 지속적으로 (화 안 내고) 시킬 수만 있다면 엄마표 학습이 제일이다.

문제는 지속성을 담보할 수 없다는 것이다. 아이가 조금만 딴청 부리고 안 따라와도 '그래, 나중에 하자'라며 작심삼일을 반복하는 미취학 및 초등 저학년 학부모에게는 강제성과 지속성이 있는 학습지가 안성맞춤이다. 다만 이조차도 숫자에 대한 감각이 전무한 상태에서 시작하면 숫자만 봐도 질색하는 아이로 만들 가능성이 높다.

적어도 연산 학습지를 시작하려면 수 막대, 수 배열판과 같은 활동 중심으로 숫자와 친해지도록 하고, 1부터 10까지의 숫자가 의미하는 것이 1개부터 10개까지 특정한 양을 의미함을 아는 양감이 생길 때 시작하는 것이 바람직하다. 물론 손으로 연필을 잘 쥐고 쓸 수 있는 운필력도 있어야 한다.

③ 사고력 수학

사고력 수학도 마찬가지다. 초등에서부터 시작되는 교과 수학에서 다루는 내용은 수, 연산, 측정, 기하 등 특정 영역에 치우쳐 있고 규칙성이나 논리 추론, 가능성과 통계와 같은 부분은 제한적으로 다루다 보니 미취학 때부터 이런 다양한 영역을 다루는 사고력 수학을 폭넓게 접하면 수학 근육이 다방면으로 발달하게 된다.

수학 감각을 타고난 영재가 아닌 보통의 경우라 하더라도 수준에 맞는 연산과 사고력 수학을 꾸준히 하다 보면 수학 근육의 힘으로 기본기를 다질 수 있게 된다.

대치동 최상위권은 처음 수학을 어떻게 시작하나

"대치동 초등 애들은 수학 뭐뭐 시켜요?"

"대치동 최상위권 애들은 몇 학년에 무슨 과정 해요?"

"대치동에서 똘똘하다고 하는 애들은 수학 뭘로 시작해요?"

한때 전국구로 오프라인 설명회를 다니던 시절에 제일 많이 받은 질문들이다. 일선 대학에서 다양한 방법으로 학생을 선발한다지만 본인이 원하는 바가 명확하지 않다면 그 많은 전형에 유연하게 대응하기는 어렵다. 결국 배수의 진은 교과 성적, 뭘 하든 교과목에 대한 우수한 성적을 만들어두는 것이 기본 중의 기본이다. 입시에서 가장 우수한 실적을 내는 것은 특목고와 전국단위 자사고이고, 그다음이 바로 대치동의 학교들과 졸업생(N수생)이니 이들의 공부법을 살펴볼 필요는 있다.

대치동 아이들의 첫 수학이라고 해서 특별한 콘텐츠가 있는 것은 아니다. 교구, 연산 학습지나 학원, 사고력 수학 등 이미 다 아는 것들이다. 다만 그 속을 들여다보면 분명 타 지역과 다른 점이 있다. 그중 가장 큰 차이는 초등학생을 가르치는 강사진의 영역 스펙트럼이 굉장히 넓다는 것이다.

교과 심화, 사고력, 연산, 교구, 그리고 경시대회와 영재원 대비까지 각 분야에 특화된 오랜 경력의 초등 전문가가 대치동에는 참 많다. 이들끼리 끊임없이 경쟁하는 시장이기에 입시 공부부터 각종 수업 연구까지 활발하게 움직여야만 강사도 경쟁력을 가질 수 있다. 초등 교육이야말로 아이들과 대면으로 밀착해서 교육하고 관리해야 하기에 이런 노하우를 가진 강사와 수업하는 것만으로도 학생들은 빨리 발전할 수 있다.

초등학생은 흡수력이 빠른 만큼 가르치는 사람의 역량이 매우 중요하다. 아무리 같은 시중 교재를 가지고 수업하더라도 커리큘럼은 따라 할 수 있을지 모르지만 강의 노하우, 학생 관리 능력은 쉽게 따라 할 수 없다. 게다가 대치동에서 미취학 아동의 첫 수학을 함께하는 강사 중에 정말 초등 과정만 가르칠 수 있는 사람은 거의 없다. 적어도 중등 과정까지 꿰뚫고 있고, 초등 과정과의 연계성을 속속들이 알고 있어서 중요도에 따라 완급을 조절할 수 있는 노련한 강사들이 대부분이다.

중등 과정을 하는 아이에게는 고등 과정과 경시대회 수준까지 밝게 아는 강사가 필요하다. 관건은 대치동 최상위권은 기본적으로 초등 졸업 전까지 최소한 중등 전 과정 심화는 물론이고 고등 과정까지 섭렵한다는 데 있다. 그러니 이에 정통한 강사들의 실력을 짐작할 수 있을 것이다. 처음 수학을 시작할 때 이런 강사에게서 시작할 수 있다는 것이 대치동의 가장 큰 매력일 것이다.

이 외에도 수준이 비슷한 아이들끼리 수업할 수 있는 환경, 장기적인 관점에서 로드맵을 짜놓고 그에 맞춰 시기별로 민첩하게 움직이는 학부모들의 정보력과 실행력도 차별점이 될 수 있다.

연산은 언제, 어떤 속도로 시작해야 할까

초등 3학년 과정에 분수가 처음 등장한다. 이 신기하게 생긴 수의 정체에 익숙해지지 못한 상태로 문제를 풀다 보면 심각한 문제에 봉착하게 된다. 그것은 바로 서술형 문제, 문장제 문제다.

사과 3개에 2개를 더하는 게 3+2=5라는 식과 같다는 것을 이해하고 비로소 문제 상황에 맞는 식을 세우는 것도, 2×3=6이라는 등식의 시작은 2+2+2=6에서 2를 세 번 쓰는 게 귀찮아서 새로운 기호를 만들어냈기 때문이라는 것도, 이미 다

배운 사람에게는 별것 아니지만 처음 배우는 아이는 기호와 의미 사이에서 갈팡질팡하다가 헛다리도 짚고 엉뚱한 소리를 하기도 하는 것이 당연하다. 특히 분모가 기준이 된다는 것을 이해하기가 참 쉽지 않다. 또한 개념을 아무리 이해시킨다 한들, 연산이 수월하게 이루어지지 않는다면 문장제 문제에서는 힘을 잃을 수밖에 없다.

기초 연산 교재를 제외한 시중 문제집은 대부분 '기본-응용-심화'로 구성되어 있다. 대부분 기본 문제는 비중이 적은 편이고, 요즘 트렌드인 서술형 문제는 점점 비중이 커지고 있다. 그렇다 보니 문제집을 통해서는 이제 막 분수, 소수, 비와 비율 등의 개념을 배운 것임에도 불구하고 바로 문장제 문제를 맞닥뜨리게 된다. 미리 그 과정에서 사용할 연산에 충분히 익숙해지지 않으면 높은 성취도를 얻기가 쉽지 않다. 한 과정이 비로소 익숙해졌다 싶으면 또 새로운 내용이 등장한다. 초등 수학은 매 순간 새로운 내용을 학습하고 받아들이는 과정이다. 수학 교과 과정은 나선형 학습[1]을 표방했기에 그 첫걸음인 초등 과정에서 상당히 많은 내용을 배우고 받아들여야 한다.

그렇다면 최상위권을 목표하는 아이들이 초등 수학을 공부할 때 -그게 선행이든 현행이든 상관없이- 이것만은 꼭 했으면 한다. **반드시 학습하고자 하는 과정보다 한 학기 이상 연산을 미리 해둘 것!** 연산은 1~2년 앞서도 결코 과하지 않다. 연산을 수월하게 할 수 있는 아이들은 문장제 문제를 읽으면서도 겁내지 않는다. 아이들은 문제를 읽으면서 머릿속에 자신만의 구조도를 그려나간다. 거창한 게 아니라, 이 문제를 어떻게 해결할지에 대해서 자연스러운 흐름이 그려지는 것이다. 그 과정에 따르면 대충 이러이러한 값이 나오겠다는 어림도 하고, 그러

---

1. **나선형 학습**: 브루너가 최초로 제시한 교육과정인데, 달팽이 껍데기의 선을 하나의 교과(교육내용)라고 생각하면 그것이 점점 크게 돌아 나오는 것은 그 교과의 폭과 심도가 더해지는 것을 말한다.

면서 자연스럽게 식을 도출하고 알맞은 값을 구할 수 있게 된다.

그런데 문제를 읽어보았더니 숫자에서부터 머리가 핑핑 돈다면? '난 연산 잘 못하는데…. 이거 어려운 문제 아닌가?' 생각하며 일단 덜컥 겁을 내게 된다. 그러면 문제가 잘 읽히지도 않는다. 부모님들은 왜 우리 아이가 멀쩡히 개념 잘 배워놓고도 문제 앞에서 식도 못 쓰고 우물주물하다가 엉뚱한 과정을 써놓는지 도통 이해할 수가 없을 것이다. 아이는 이제 막 개념을 배웠을 뿐이라 연산이 쉽게 해결되지 않는 게 당연하다. 그러니 시간은 오래 걸리고, 답은 틀리고, 그걸 일일이 설명해주다 보면 아이도 부모도 스트레스다.

초등 수학에서 연산은 자신감의 근원이다. 일단 연산에서 겁을 내지 않아야 문제가 술술 읽히고, 식을 세우는 일에도 거침이 없다. 기계적인 연산이 오히려 아이를 망칠까봐 걱정하는데 요즘 학습지나 연산 문제집의 단순히 기계적으로 반복하는 그런 형태는 아니다. 기초 개념을 학습한 후 바로 여러 가지 연산 연습을 촘촘하게 하면서 자연스럽게 개념을 숙지하게끔 되어 있다. 초등 전 과정의 연산을 쭉 돌아보면 자연수, 약수와 배수, 분수와 소수, 비와 비율 정도의 내용뿐인데 이 내용을 교과 진행 수준보다 빠른 속도로 미리 학습하게 되면 개념부터 심화까지 막힘없이 진행하는 데 매우 큰 도움이 된다.

연산이 안 되는데 교과 심화까지 단번에 척척 가는 경우는 거의 없다. 비단 초등에 국한된 이야기가 아니다. 중등에서도 연산은 미리 준비하는 아이들이 확실히 강하다. 일단 익숙해야 아무리 어려운 문제라도 도전할 자신감이 생긴다. 연산을 잘 준비해서 심화까지 한 번에 뚫어보자.

암산 잘하는 습관이 필요할까

필자는 어릴 때 주산을 했다. 학원을 다닌 건 아니지만 주산 능력자인 엄마 덕분에 저학년 때부터 주판알을 튕기는 실력이 제법이었다. 그런데 수학 시험만 보면 오답투성이라서 혼나기 일쑤였다. 풀이 과정은 다 써놓고 마지막에 계산할라치면 머릿속에서 주판알이 드르륵 맞춰지면서 암산이 되는 거다. 그러고는 시원하게 쫙쫙 틀렸다. 그야말로 어설픈 암산이 낳은 잘못된 습관이었던 것이다.

암산이 꼭 나쁜 건 아니다. 해외에서도 암산이라고 할 수 있는 Mental math, Mental calculation이라는 교육 분야의 연구가 활발하고, 암산의 의미가 머리를 써서 계산한다는 뜻이기 때문에 올바른 암산 능력이 활성화되는 것은 바람직하다. 예를 들어 덧셈 뺄셈을 세로 셈으로 일의 자리부터 한다든지, 두 자릿수 곱셈 이상부터는 반드시 세로 셈으로 한다든지 하는 천편일률적인 방법보다 수를 쪼개어 더하거나 빼고, 앞자리부터 계산하고, 넓이를 이용한 곱셈법을 활용하는 등 다양한 방법으로 수 계산을 하게 되면 이후 연계된 내용을 학습할 때 분명히 높은 시너지를 낼 수 있다.

그런데 문제는 암산하는 아이들의 특징이 서서히 쓰기를 기피하게 된다는 것에 있다. 머리로 생각을 다 하고 최소한으로 써도 정답이 제법 되니까. 오답이 있다고 하더라도 암산 오류인 경우가 많다 보니 그건 단순히 운 나쁜 실수라고만 생각할 뿐 크게 자극을 받지는 않는다. 실수에 대해 아까워하고 문제점이라고 인식하기보다는 오히려 그조차도 알고 있는 문제, 정답이나 마찬가지라고 여기는 경우가 더 많다.

더 큰 문제는 암산이 습관화되고, 풀이 과정을 생략할수록 본인의 풀이 과정에 대해 검토하기가 어려워진다는 점이다. 초등학교 단원평가, 각종 초등 경시대회부터 중·고등 내신과 수능까지 모든 시험은 제한 시간이 있기에 매번 새로

풀면서 검토하기가 어렵다. 그렇기에 빠르고 정확하게 검토하면서 실수를 잡아내려면 잘 정리된 풀이 과정이 필요하다. 또 입시에서는 수학 한 문제 차이로도 결과가 극명하게 갈릴 때가 많기에 교과 수학을 시작하는 그 순간부터 풀이 과정을 잘 적는 습관을 들여야 한다.

사고력을 활용한 암산은 다양한 방법을 고민하게 만들기 때문에 긍정적인 효과가 분명 있지만, 입시에서 안정적으로 성공하려면 '지면에 문제를 풀 수 있을 때만큼은' 의식적으로 계산 과정까지 쓰는 연습을 해야 한다. 특히 최상위권을 목표로 하고 있다면 더더욱 지켜야 한다. 차이는 사소한 습관에서 비롯된다.

많고 많은 학습지, 어떤 걸 선택할까

『동아전과』, 『표준전과』 두 권이면 한 학기가 두렵지 않았던 그때 그 시절에도 돌이켜보면 학습지라는 것을 했다. 이름도 똑똑히 기억난다. 아이템풀. 지금 생각하면 참 신기하게도 학습지가 달랑 한 장이었다. 꽤 큰 종이에 앞뒤로 문제 빼곡했던 한 장짜리 학습지. 그걸 다 푸는 것이 어린 시절 필자에게는 가장 중요한 미션이었다. 설마하니 공부 욕심이 많아서였겠는가. 그 한 장을 실수 없이 다 해치워야만 엄마가 주시는 50원짜리 두 개를 들고 집 앞 오락실에 가서 게임을 한 판 할 수 있었기 때문이다.

그에 비해 요즘 학습지 시장은 그야말로 신세계다. 초등 아이들이 하는 다양한 학습지를 보면 입이 딱 벌어지곤 한다. 수학을 포함해 전문화된 과목별 내용은 당연하고 코딩, 세계사, 인문학, 필독서 등 과목 외 다양한 콘텐츠가 VR, 3D로 잘 포장되어 어른인 나까지도 홀딱 빠져서 보게끔 만들어져 있다. 그리고 학생 개인의 학습 시간과 성취도 등 객관적 데이터를 기반으로 학생의 학습을 정확히 파악해주는 웹 기반 플랫폼을 제공하는 학습지까지 있으니 웬만한 강사보다 나을 정도다.

그런데 결정적으로 시간이 없는 것이 문제다. 아무리 좋은 콘텐츠라도 그걸 잘 사용할 충분한 시간이 확보되는지 따져봐야 한다. 그리고 또 하나, 직접 가르칠 때는 아이의 눈빛, 찡그림, 고개 갸우뚱거림과 같은 제스처로도 잘 이해하고 있는지 파악할 수 있다. 만약 제대로 이해하지 못했다면 확인하는 질문을 던져볼 수도 있다. 그런데 학습지 방식은 아무래도 이런 즉각성과 현장성이 떨어질 수밖에 없다. 그래서 학습지로는 비약적인 성장을 꿈꾸기보다는 목표 과정을 위한 기초 체력을 쌓겠다는 생각으로 접근하는 것이 좋다.

그러나 평균적인 학원 수강료보다 꽤 저렴하고, 자투리 시간을 이용할 수 있고, 집중적으로 투자하는 과목 대비 타 과목을 보충할 수 있다는 판단하에 한꺼번에 여러 과정을 선택하는 것은 말리고 싶다. 학습지는 꾸준하게 하되, 밀리지 않고 하는 것이 중요하다. 그래야 기초 체력도 길러지는 것 아니겠는가. 어린아이일수록 학년이 높아지면서 스케줄이 많아질 텐데 이를 고려하지 않고 무리하게 선택하면 후회만 남기게 된다.

그렇다면 그 많은 학습지 중에서 뭘 선택해야 할까? 엄마표 학습이 최고지만 지속하기 힘들므로 그다음으로 안정적인 선택은 오래된 전통을 가진 회사의 연산 학습지를 권한다. 브랜드는 크게 상관없다. 매일 꾸준한 양을 당연한 일과로 받아들이게 해야 한다. 연산은 수학을 잘하기 위한 바탕이다.

가끔 저학년 때 "아이가 반복되는 계산을 너무 싫어하고 스트레스를 받는 것 같다"라며 수학에 흥미를 잃을까 걱정하여 중단하는 경우도 있다. 대부분 수학 감각이 발달되어 많은 반복을 필요로 하지 않는 경우인데, 계속해서 연산이 수월하기만 할 거라는 보장은 없다. 마찬가지로 어느 정도 고민이던 연산이 제법 익숙해진 것 같아 사고력이나 교과 수학 등의 시간을 늘리려고 연산 학습지(혹은 매일 연산 문제집 공부)를 중단하는 경우도 많다. 앞으로 나올 내용이 얼마나 많은데 성급하게 판단하는가. 연산 학습을 어느 정도 한 것 같다고 섣불리 중단하면 다시 시작할 때 더 괴로울 수도 있다.

가장 현명한 방법은 장기전으로 가도록 약간 변주를 하는 것이다. 익숙하게 잘하게 된 파트는 문제를 하나씩 건너뛰어 풀거나 반복 없이 통과하는 방식으로 필요에 따라 약간 변화를 주면서 최대한 꾸준히 연산 학습을 이어갈 수 있도록 해주어야 한다.

물론 그렇게 하려면 아이를 시시각각 잘 관찰해야 한다. 매일 학습지를 풀라고 아이만 닦달하지 말고 부모도 매일 곁에서 채점해주는 노력을 꾸준히 보여야 한다. 학습지 선생님이 집으로 방문한다고 해도 선생님에게 모두 일임하지는 말자. 선생님이 오기 전에 미리 채점을 해두면 선생님이 학습지를 보고 바로 피드백할 수 있는 시간이 만들어진다. 준비된 부모가 준비된 선생님을 만들게 되는 것이다. 얼마 되지 않는 확인 시간을 채점으로 흘려보내지 않고 온전히 가르치는 데 집중하게 만들려면 부모가 더 부지런해야 한다.

타 과목을 추천하자면 국어와 사회계열(일반사회, 한국사, 세계사 등)을 들 수 있다. 이과계열을 희망하는 학생이 워낙 많다 보니 수·과학에는 많이 투자하는데 이런 과목들은 차일피일 미루다가 중학교에 가서 당황하는 경우를 자주 보게 된다. 기초 지식을 함양하는 차원에서 꾸준히 해두면 나중에 분명 고생을 덜 수 있다.

사고력 수학의 필요성

　대치동에서 5세 자녀를 둔 학부모들에게는 영어유치원과 더불어 사고력 수학 학원이 가장 큰 이슈다. 어느 학원을 다닐지, 미리 무엇을 얼마나 시켜야 할지에 대해 수많은 정보를 공유하고 준비한다. 진짜 정보력 있는 분들은 메이저급 사고력 학원에서 무엇을 배우는지, 교재는 어떻게 구성되어 있고 학년별로 어떤 내용을 가르치며, 그것을 따라가는 데 최소한으로 필요한 시기별 연산과 교과 내용은 무엇인지까지 다 꿰고 있다. 지도할 선생님도 중요한 부분이다. 아이를 세심하게 케어하는 괜찮은 선생님이 어느 학원에 많은지도 꼼꼼히 조사한다.

　사고력 수학이 이토록 전국적으로 성행하는 이유는 무엇일까? 여러 경시대회에서 대상과 금·은·동(이른바 색깔 상)을 휩쓸었던 모 학원이 입소문을 타면서부터다. 그 학원에 다니는 아이들이 수학에서 매우 뛰어난 능력을 대외적으로 증명해 보였고, 그 아이들이 향후 영과고에 합격한 사례도 월등히 많았다. 알고 보니 교과 수학만으로는 부족했던 수학의 여러 영역 학습을 고르게 시키고 있었던 것이 그 놀라운 결과의 시작이었다. 기존 초등 수학에서 일반적으로 하던 '학생에게 일방적으로 개념을 설명하고 주입해서 문제를 풀게 만드는 수학'에서 벗어나 '주제를 던져주고 학생들의 적극적 참여를 유도하여 일반화된 규칙을 찾는 등 논리적 추론 능력을 극대화하는 수학'을 했던 것이다. 바로 여기에 핵심이 있다.

　학교는 모든 과목을 적정 비율로 학습해야 하는 곳이기에 토론하는 수학, 생각하는 수학을 시도하기에는 주어진 시간이 너무 짧다. 또 수준별 수업을 하는 것도 아니라서 심화 내용 위주로만 가는 것도 불가능하다. 이런 여러 상황을 고려해서 만든 교육과정이다 보니 매번 개정될 때마다 다양한 내용이 추가되고는 있지만 여전히 교과 수학에서 절대적인 비중을 차지하는 것은 수 연산과 기하, 측정 영역이다. 하지만 이렇게만 학습하면 뭔가 아쉽다. 논리적 문제 해결력, 규칙과 대응, 데이터 분석, 가능성에 대한 예측 등 더 다루면 좋은 영역이 너무나 많다. 이런 다양한 경험을 할 수 있는 것이 바로 사고력 수학 학원인 셈이다.

그래서 처음 사고력 학원을 보낼 때, 아이가 단기간에 드라마틱하게 수학적 능력이 신장되기를 바라는 것은 금물이다. 특히 수업 내용을 쉽게 받아들인다고 해서, 혹은 특정 영역에서 어려움을 표현한다고 해서 성급하게 계속할지 말지를 결정할 일이 아니다. 쉽고 어렵고에 일희일비하지 말고 아이가 어떤 영역을 공부할 때 가장 취약한가를 파악할 수 있어야 하고, 그 부분에 두려움을 갖지 않도록 기초 작업을 튼튼하게 해주어야 한다. 그래야 수학의 모든 영역에서 고르게 성장할 수 있고, 어떤 문제를 대하더라도 다방면으로 생각해볼 수 있게 된다.

결국 자신감은 성취도에서 나온다. 꼭 성적이 아니라, 어떤 문제라도 도전할 수 있고 풀 수 있다는 성취 욕구가 내면에서 우러나오는 자신감이 생겨야 한다. 오랜 시간을 들여 이어간 사고력 수학의 경험은 아이의 빈 구멍을 차곡히 메워주는 역할을 하고, 결국에는 수학 자신감을 높여줄 것이다.

생각하는 법이 아니라 스킬의 늪에 빠질 수 있다

사고력 학원을 표방하는 초등 수학 학원이 많아지면서 학부모들은 그만큼 어떤 학원을 보낼지 고민하게 된다. 특이한 건 아이가 사고력 학원을 다닌 지 얼마 되지 않았는데도 다른 사고력 학원으로 옮겨볼까 고민하는 경우가 많다는 것이다. 어느 사고력 학원이든 미취학부터 초등에 이르기까지 가르치는 내용은 크게 다르지 않은데도 학원을 이동하려는 이유는 대부분 더 심화 학습을 원하기 때문이다.

그런데 단지 그런 이유라면 재고해볼 것을 권한다. 어려운 과정을 속도를 내어 진행한다면 분명 부작용이 생긴다. 대표적인 부작용이 바로 '스킬의 늪에 빠지는 것'이다. 이른바 유형에 맞는 공식을 달달 외워서 딱 그 문제만 해결할 수 있게 되는 것인데, 수학에서는 최악의 학습 방법이다.

다음의 문제를 보자.

- 일자 도로에 일정한 간격으로 나무 심기
- 일자 도로 양쪽에 나무 심기
- 원형 도로에 벤치 배치하기
- 다각형 및 입체에서 일정한 간격으로 조명 설치하기
- 일정 간격으로 무궁화를 심고, 그 사이에 또 다른 일정한 간격으로 장미 심기

이 문제를 해결하는 방법으로 보통은 첫 번째 유형인 '일자 도로에 일정 간격으로 나무 심기'를 배우게 된다. 그런데 이 문제에서 '나무의 수=간격 수+1'이라고 암기해버린 아이들은 (그 이유가 뭔지도 잘 모르면서) 조건을 살짝 바꾼 다른 문제를 풀 때 헛발질을 하게 된다.

문제를 해결할 수 있도록 생각하는 방식을 배우는 것이 사고력 수학의 강점인데 공식을 외워서 해결하다니! 초등은 습관이 형성되는 시기다. 이런 저질 학습이 몸에 배게 되면 중·고등 수학에서도 확장성과 효율이 현저히 떨어질 수밖에 없다. 학원 수업 시간은 한정되어 있고, 제한된 시간에 다른 학원보다 빨리 아이들에게 그럴듯한 결과를 보이려면 적당히 설명하고 공식을 주입하는 것만큼 손쉬운 방법이 없다. 당장은 그럴듯해 보일 수 있어도 실상은 독이 든 성배나 다름없다.

아이가 생각하고 받아들이고 익히는 데는 시간이 필요하다. 당장 겉보기 등급을 올리는 데 연연해서 거침없이 학원을 바꾸는 데 열을 올릴 필요가 전혀 없는 것이다. 한번 스킬의 늪에 빠진 아이는 그 습관이 그대로 남아서 초등 고학년이건 중·고등이건 "이거 어떻게 푸는지 까먹었어요", "이거 풀 때 쓰는 공식이 기억 안 나요" 등의 안타까운 말을 마구 내뱉는다. 사고력 수학의 이상적인 취지에 걸맞게 아이가 온전히 소화할 수 있는 시간을 벌어주자.

교구 수업은 활용서 독파 후에

교구를 사용하여 수학에 대한 흥미를 높이는 것은 매우 바람직한 학습 방법이다. 다양한 경험이 곧 실력이 되는 초등 시기에 다양한 교구를 이리저리 조작해보고 여러 가지 방식으로 가지고 놀다 보면 자연스럽게 수와 도형, 규칙성에 대한 감을 잡게 된다. 이러한 경험은 이후 시작될 본격적인 학습에서 여러 수학적인 개념을 구체적이고 정확하게 받아들이는 데 매우 도움이 된다.

하지만 이런 효과에 혹해서 처음부터 교구 전체 세트를 구매하는 것보다는 서점에 가서 교구와 가이드북, 워크북 등으로 구성된 단품을 직접 살펴보고 아이가 흥미 있어 하는 것부터 하나씩 구매해 활용해보기를 권한다. 특정 교구를 풀세트로 구매하면 엄마의 개인적인 만족도는 높지만 정작 아이들은 그 세트를 다 경험하기도 전에 금방 질리는 경우를 많이 봐왔다. 새로운 장난감을 하나씩 사 모으듯 설렘을 주는 것이 좋다. 그렇게 소소하게 시작해서 아이가 스스로 교구를 가지고 노는 단계에 이르렀을 때 세트를 구매해도 된다.

요즘 나오는 교구는 아이들의 발달 단계에 맞춰 난이도별로 구성된 좋은 제품이 많다. 개인적으로는 유아기부터 사용해볼 만한 교구로 플레이팩토 프리키즈와 플레이팩토 키즈 시리즈를 꼽는다. 교구와 워크시트의 품질이 높은 것은 물론이고 학습 영상 역시 탄탄하게 구성되어 있다. 또 이와 관련된 수학 동화 E-Book, 애니메이션, 수학 동요까지 빈틈없이 구성되어 있어서 유아기 아이들의 수학적 상상력을 여러 부분에서 자극할 수 있다.

무엇보다 교구를 사용할 때 중요한 점은 부모가 먼저 교구 사용에 능숙해야 한다는 것이다. 어떤 교구라도 그 교구를 사용하면서 얻을 수 있는 교육적 효과와 사용법에 대한 가이드북이 있게 마련이다. 교구 활용서를 독파하여 사용법을 정확하게 숙지한 상태에서 교구를 가지고 어떻게 아이와 놀아줄지 궁리한 이후에 시작하는 것이 가장 좋다.

아무리 좋은 교구라도 사놓고 아이가 스스로 가지고 놀기를 기대한다면 큰 오산이다. 교구가 아무리 알록달록하고 흥미로워 보여도 게임기나 장난감에 댈 게 아니다. 아이를 교구로 이끄는 가장 강력한 힘은 그 교구를 이해하고, 그걸로 각종 놀이와 게임을 만들어 아이와 함께하는 부모의 센스다.

만일 자신 없다면 교구를 잘 다루는 선생님을 섭외하는 것도 방법이다. 선생님과 함께하는 방식을 선택한다면 비슷한 또래 아이들과 집에서 학습하는 것을 추천한다. 혼자 하는 것보다 훨씬 다양한 방식으로 교구를 활용한 놀이를 할 수 있고, 선생님이 아이를 리드하는 방식을 보고 배울 수 있다. 선생님과 수업하며 함께하는 시간은 짧지만, 부모가 함께할 수 있는 시간은 길다.

아이를 입시 성공으로 이끌고 싶다면 '내 아이 교육 전문가는 나다'라는 각오로 임해야 한다. 아이만 배우는 게 아니다. 아이가 뭔가를 배우기 전에 부모가 미리 배워야 할 것이 더 많다.

6부

수학 선행, 이렇게만 따라오면 성공!

06

대치동 아이들은 수학 선행 장난 아니죠?

 대치동에서는 전반적으로 모든 교과목에서 선행을 제법 하는 편이다. 그중 최고봉은 수학이다. 너나 할 것 없이 수학에 열을 올리다 보니 선행 속도가 점점 빨라진다. 초등 3학년 아이가 초등 3학년 수학부터 시작한다면 처음에는 그 속도감이 느껴지지 않지만, 대부분 1년 안에 2개 학년 정도를 진행하다 보니 고학년으로 갈수록 수학 선행이 빨라지는 것처럼 느껴지게 된다.
 한 학기 분량을 3개월에 걸쳐 공부한다고 가정하면 대략적인 흐름이 다음과 같이 나온다.

 3학년: 초3, 초4 교과 수학
 4학년: 초5, 초6 교과 수학

5학년: 중1, 중2 교과 수학

6학년: 중3 교과 수학+고1 교과 수학

현행 속도에서 시작해 4학년 때는 1년 선행 정도에 불과하지만, 5학년이 되면 2년 선행이 되고, 6학년 때는 3년 선행이 되는 것이다. 시기상 크게 무리가 되는 커리큘럼도 아니고, 수학에만 올인해야 하는 거창한 계획도 아니다. 이렇게만 하더라도 초등 고학년이 되면 진도는 꽤 나가 있게 된다. 대부분의 대치동 키즈라면 이 정도 수학은 그러려니 하는 수준이다. 그러면 이런 질문이 뒤따른다. "아이들이 이걸 진짜 다 이해하고 풀어요?"

대치동에서는 초등학생이 고등 수학을 하는 게 그리 대단한 일이 아니다. 그리고 초등학생이 고등 수학을 하면서 어지간한 고등학생보다 훨씬 더 잘하는 경우도 부지기수다. 문제는 그런 진행 속도만 보고 뒤처지기 싫다는 이유로 무작정 따라서 선행을 나가다가 어느 순간 벽을 느끼고 제풀에 나가떨어지는 경우가 많다는 데 있다.

대치동에서 선행 좀 한다, 그래도 수학만큼은 대치동에서도 제법 상위권이다 하는 아이들은 이미 유아 때부터 철저히 준비해왔다. 초등 때 고등 과정까지 진행하는 저런 과정을 무리 없이 받아들이게 하려고 미리 교과 수학의 기본이 되는 연산을 탄탄히 잡은 것은 물론이고, 상위 교과 과정에서 요구하는 깊이 있는 사고와 과제 집착력을 기르기 위해 사고력 문제와 교과 심화 문제 풀이 연습도 계속해왔을 것이며, 이를 통해 각종 경시대회에 도전했을 것이다. 추상적인 개념을 원활하게 이해하고 복잡한 문제를 빠르게 이해하려고 문해력, 논리력 트레이닝도 했을 것이다. 이뿐이겠는가. 꼼꼼히 문제를 풀고 오답 노트를 작성하는 등 공부 관리 습관도 완전히 자리 잡았을 것이다. 안정적으로 빠른 속도를 낼 수 있는 데는 다 그만한 뒷받침이 되어 있는 것이다.

선행이 부정적인 이미지를 뒤집어쓴 이유

어쩌다가 선행은 부정적인 이미지를 가지게 된 것일까. 아동 학대라는 표현을 써가면서 강도 높게 선행 학습을 비판하는 이도 많다. 가끔 선행 학습의 실태를 고발하는 영상이나 글을 보게 된다. 선행을 조장하는 사교육 때문에 공교육이 무너지고 있다는 내용과 더불어 빠지지 않고 등장하는 것은 대치동을 대표로 하는 유명 학원가의 이야기다. 대치동의 어느 학원에서는 평균 몇 년 선행을 시킨다더라, 초등학생이 고등 과정을 하는 것도 모자라서 대학 과정을 듣도록 권유하는 학원도 있다더라 등.

왜 그런 공부를 하는지, 어떻게 하고 있는지에 대한 이야기는 쏙 빼고 대치동 초등학생은 학원을 평균 몇 개씩 다니고, 평균 몇 년 앞서 선행을 하며, 하루 평균 몇 시간을 학원에 매여 있는지, 사교육비 지출은 가구당 얼마인지, 전국 평균의 몇 배나 되는지 등 대부분 자극적인 요소만 이야기한다. 자세한 내막을 모르는 사람이 들으면 '이거 미친 거 아니야?' 소리가 절로 나오지 싶다.

필자 역시 사교육에 몸담고 있기에 이런 부정적인 인식에서 자유로울 수 없다. 선행 여부가 입시 당락을 결정지을 것만 같은 불안감, 이 불안감을 이용한 학원가의 공포 마케팅, 눈에 보이는 빠른 진도가 주는 심리적인 안정감까지 더해져 선행은 점점 더 왜곡되어가는 면이 있다. 이 모든 요소가 비정상인데도 '다들 그렇게 하고 있으니까'라며 합리화하는 사람이 너무 많다. 가끔은 "왜 이렇게 공부시키겠나. 내 자식만 잘 먹고 잘살면 된다. 어차피 경쟁에서 이겨야 하는데 그러려면 시작부터 달라야 하지 않겠나"라고 당당하게 이야기하는 학부모도 있다. 그런 부끄러운 민낯만 고르고 골라 매체에 담기 때문에 선행은 언제나 부정적인 이미지가 클 수밖에 없다.

맞다. 선행에는 거품이 많다. 불필요한 사교육에 낭비되는 시간적, 금전적 손실이 많은 것도 사실이고 자신에게 맞지 않는 과도한 선행으로 고통받는 아이들도 많다. 하지만 분명한 목표와 그에 맞는 로드맵 계획, 그 계획에 들어맞는 시기적절한 교육으로 날개를 다는 아이들도 많다. 그래서 다시 한번 강조하지 않을 수 없다. **무엇을 위해서 선행을 하고 있는지 명확한 목표가 있어야 한다.** 그래야만 부모의 불안 증세를 감소시키려고 아이를 학원으로 내모는 막무가내식 선행 학습의 우를 범하지 않을 수 있다. 그렇게 목표를 가지고 하나씩 해나간다면 선행이 아무리 부정적인 이미지를 뒤집어썼다 한들, 다 무시하고 당당하게 시킬 수 있다. 올바른 선행을.

개념 이해가 잘되어 있다면 문제없다

이게 핵심이다. 올바른 개념 이해가 전제된다면 선행은 입시에서 큰 경쟁력이 된다. 특목고 입시건, 대입이건. 입시에서 요구하는 수준은 어느 정도 결정되어 있다. 배워야 하는 지식의 양도 결정되어 있고, 그 지식으로 어느 수준의 결과를 내야 하는지에 대해서도 말이다. 그렇다 보니 먼저 시작해서 제대로 밟아나간다면 당연히 유리할 수밖에 없다. 입시의 현실이 그러하다.

그런데 개념을 이해했다고 해서 어떤 문제라도 능수능란하고 수월하게 풀 수 있는 것은 아니다. 그래서 문제 풀이 훈련도 중요하다. 단순히 많은 문제를 풀어보라는 뜻이 아니다. 문제를 보고 어떤 개념을 이용해서 해결해야겠다는 아이디어를 떠올리는 것이 중요하다. 올바른 개념 학습 과정이 장착된 다음 문제 풀이 훈련까지 된다면 그 이후의 선행을 굳이 마다할 이유가 없다.

문제는 개념도 제대로 잡히지 않은 아이가 계속해서 선행을 이어갈 경우다.

당연히 문제 풀이가 잘 안 된다. 그러면 문제 풀이 양을 늘리고 어떻게든 대표 유형을 외우다시피 해서 당장에는 잘하는 것처럼 보이게 만들 수 있다. 실상은 아무것도 남는 게 없는데 말이다. 그렇게 유형별 문제 풀이에 집중해서 선행을 달린 아이들은 자기가 뭔가를 대단히 많이 알고 잘하는 것처럼 착각하는 경우가 많다. 개념 알기를 우습게 여기고, 조금만 꼬인 문제가 나오면 해본 적이 없어서 잘 모르겠다는 말도 스스럼없이 한다.

　이왕 선행을 할 거라면 경쟁력 있게 하자. 똑똑하게. 올바른 개념 이해는 기초 중의 기초다. 개념 이해를 충분히 연습할 수 있는 문제 풀이까지 완료되어 있어야 다음 선행도 의미가 있다.

선행 없이 입시 성공할 수 있을까

　선행 없이도 입시에 성공할 수 있다. 선행이나 사교육을 최소화하고도 입시에 성공한 사례는 매년 등장한다. 자기주도학습 능력이 출중하고 자기 조절력이 뛰어난 경우, 그리고 본인이 무엇을 잘하고 어떤 부분이 부족한지를 잘 아는 메타인지 능력이 발달한 학생이라면 얼마든지 가능하다. 그런 아이라면 자신이 별도로 보충해야 하는 영역을 인지하고 있을 것이고, 그 부분만 사교육을 효율적으로 선택해서 공부할 것이고, 예습 필요 여부도 자신의 역량에 맞게 결정할 것이다. 모든 부모가 바라는 이상적인 모습이다. 누구라도 초중고 내내 사교육에 의존하면서 매 과정을 버텨야 하는 아이로 키우고 싶지는 않을 것이다. 하지만 현실에서는 극히 드문 경우다.

　일단 부모는 내 아이의 목표가 무엇이고, 그 목표를 위해 시기마다 무엇을 준비해야 하는지를 잘 아는 입시 전문가가 되어야 한다는 건 안다. 그래서 맘카페, 육아·교육 커뮤니티, 유튜브까지 여러 경로를 통해 정보를 찾지만 양질의 정보를 취사선택하기란 쉽지 않다. 어렵게 정보를 걸러내 교육한다고 해도 이 길이 맞는지 계속 의심하게 된다.

부모가 바쁘다는 이유로 아이의 교육이 지지부진해짐을 느끼는 순간에는 더 조급해진다. 그래서 선행이나 사교육의 힘을 빌리지 않고 초중고의 긴 시간을 촘촘하게 계획하고 달려가는 것은 쉽지 않다. 실제로 대부분의 고등학교에서도 고3 때는 수능 준비에 올인할 목적으로 고등 수학 전체 진도를 고2 말까지 끝마치고 있다.

현실적으로 바라보자. 내 아이가 입시라는 링 위에서 붙어야 할 상대는 없는 시간 쪼개가면서 남들보다 더 많은 공부와 경험을 한 아이들이다. 게다가 그런 아이들이 많기까지 하다. 그 아이들의 공부 능력치가 낮을까? 아니다. 끊임없이 동기를 부여해주고 청사진을 보여주는 부모와 멘토의 영향으로 학습 의욕이나 성취 욕구도 굉장히 크다. 어렸을 때부터 다듬어온 공부의 기술 또한 상당하다. 현실이 이러할진대 어떻게 선행 없이 입시 성공까지 흔들리지 않고 갈 수 있겠는가. 이런 상대에 정면 대응하겠다며 부모가 치밀한 계획을 짜고 뚝심 있게 밀어붙이지 못할 바에는 적절한 선행을 선택하는 편이 훨씬 더 낫다.

여기에서 하나 더 염두에 둘 것은 당장 초등에서 돋보이려고 공부하는 것이 아니라는 점이다. 그렇지 않으면 선행을 결정할 때 옆집 아이의 속도에 맞춰 허둥지둥 선택할 가능성이 높아진다. 긴 안목으로 바라보아 '고등 내내 안정적인 성취도 갖기'로 목표를 잡자. 그런 목표를 바탕으로 지금 해야 할 학습을 선택한다면 중심 잡기가 쉬워진다. 적어도 내 아이에게 맞지도 않는 선행을 선택해놓고선 아이 과제 봐주다가 진이 쏙 빠져서 자괴감에 빠지는 일은 없을 것이다.

미친 선행을 조장하는 불안·공포 마케팅

"우리 애는 진학이 문제가 아니죠. 진로를 고민할 뿐입니다."

아주 예전 드라마에서 머리끝부터 발끝까지 우아하게 차려입은 어머니가 여유 있는 웃음과 함께 담임선생님을 향해 내뱉은 멋진 대사가 기억에 남는다. 드라마는 드라마다. 아이의 진학(대학 선택)은 떼놓은 당상이고 그저 어떤 진로(학과)를 선택할지 고민 중이라고 말할 수 있는 학부모가 대한민국에 얼마나 될까? 누구라도 내 아이가 모든 과목이 안정적인 최상위권이라고 생각하지 않는다. 누구나 상대적으로 부족한 과목이 있게 마련이고, 그 부분을 집요하게 파고드는 것이 바로 학원가의 공포 마케팅이다.

학부모의 불안 심리를 십분 이용한 이 전략은 그 어떤 마케팅보다도 단기적인 효과가 좋다. 특히 뭘 해야 할지 아직 감은 없지만, 아이를 최고로 키우겠다는 열망이 가득한 초등 시장에서는 더더욱 그렇다. 학교 내신부터 시작해 여러 객관적 평가가 이루어지는 중등부터는 아이에 대해 비교적 냉정한 시각을 갖지만, 초등 때는 그게 잘 안 되기 때문이다. 내신 성적이 드러나는 중등 2학년 이후부터는 아이의 성취도를 근거로 선택과 집중이 좀 더 확실해진다. 그렇다 보니 꿈과 희망이 가득한 초등생 학부모에게 '지금 이걸 시작하지 않으면 당신 아이만 뒤처질 거야! 이건 지금 당신만 안 하고 있다고!'라며 겁을 주면 대부분 빠르게 반응할 수밖에 없다.

학원가만 문제이겠는가. 학부모들끼리 서로 '카더라 통신'의 정보를 주고받으면서 스스로 공포에 사로잡히는 것도 문제다. 의치한을 노리는 아이들의 표준 커리큘럼이라며 인터넷에 게시된 글을 누군가 캡처해서 학부모 단체채팅방에 올려놓았다. 초등 4학년에 수(상)기본-심화를, 초등 5학년에 수(하)기본-심화와 수1을, 초등 6학년에 수1 심화와 수2 기본을 해야 하고, 중1 기준으로 수2 심화와 미적분까지 끝내야 한다는 내용이었다. 이걸 보여주며 "요즘 다 이렇게 하고 있나본데 우리 애는 어떡하죠, 선생님? 저만 넋 놓고 있었나봐요"라고 말하는 학부모의 불안한 눈빛이 너무도 안쓰러웠다. 이러니 공포 마케팅이라고 할 만하다 싶었다.

각박한 경쟁 사회에서 내 아이가 뒤처진다는 현실을 자각할 때만큼 극심한 공포를 느낄 때가 또 있을까. 누가 슬쩍 보여준 캡처 글 하나에도 이렇게 마음이 요동치고 밤잠 못 이루는데 학원 상담이라도 받아볼라치면 내 아이가 그렇게 작아 보일 수가 없다. 그동안 뭔가 많이 한 것 같은데 다 쓸데없는 짓만 한 것 같고, 시간을 되돌리고 싶은 생각이 든다면 이미 불안 마케팅에 제대로 한 방 맞은 것이다.

물론 정말로 허송세월한 아이들도 있다. 하지만 보통 학부모들은 자녀 교육에 관심을 가지고 계속해서 아이의 학습 과정을 들여다보며 개념을 잘 이해했는지, 설명할 수 있는 정도인지, 심화 문제를 스스로 해결할 능력은 되는지 파악하려고 노력한다. 아무리 과외나 학원에 맡겼다고 해도 담당 선생님과 지속적으로 피드백을 주고받으며 아이의 실력을 확인하는 노력을 기울인다. 단언하건대 그런 분들은 여기저기 떠돌아다니는 이야기에 일희일비하지 않아도 괜찮다.

특히나 이런 이야기에 귀가 커져서 '역시 우리 아이는 너무 늦었어'라고 생각한다면 좀 더 빠르게 진도를 나갈 수 있는 과정에 관심이 쏠릴 수밖에 없다. 아이의 능력은 고려하지 않고, 그걸 선택하기만 하면 왠지 아이가 팍팍 헤쳐나갈 것만 같은 안도감마저 든다. 이런 선택은 부모의 불안감을 타개하려는 것이지 결코 아이를 위한 선택이 아니다. 이래서 공포 마케팅이 미친 선행을 조장하는 근원이 되는 것이다.

너도나도 패닉에 빠져서 허우적대게 만드는 공포 마케팅을 바라볼 때면 참 씁쓸하다. 그리고 그렇게 애가 닳아 있는 학부모들에게 마치 구원의 손을 내밀어주는 것처럼 미친 선행의 밧줄을 드리우는 못된 상술을 볼 때면 그거 아니라고, 넘어가지 마시라고 도시락 싸 들고 다니면서 말리고 싶다.

원래 "어지간한 집엔 이거 다 있어. 요샌 이게 트렌드라고!"라며 홍보하는 것 치고 그다지 생활에 꼭 필요한 건 없다. 애들 교육도 마찬가지다. 정말 필요한 건 이미 하고 있을 가능성이 높다. 정말로 아는 정보가 없어서 우리 아이에게 뭔가 꼭 필요한 걸 놓칠까 두렵다면 되도록 영리를 목적으로 하지 않는 설명회나 세미나에 가보자. 요즘은 온라인으로 양질의 설명회를 집에서 편히 들을 수 있는 언택트 시대이니 이를 적극 활용하기를 바란다.

학원만 의지 말고 가정학습 시간 확보하라

수학 사교육을 찾아보면 괜찮아 보이는 것들이 너무 많다. 사고력 수학은 본격적으로 교과를 시작하기 전부터 시작하면 좋을 것 같고, 수 감각을 기르려면 연산도 빼놓을 수 없다. 초등 3학년부터는 어려운 문제에 맞닥뜨리더라도 자신감 있게 달려들 수 있도록 심화 문제에 대한 훈련이 필요하다는 이야기도 많이 들린다. 이걸 한번에 해결할 수 있으면 좋으련만 초등이라도 각 분야에 따라 전문화된 콘텐츠와 학원을 선택하는 게 좋다는 이야기도 들린다.

꼭 필요한 부분만 사교육의 힘을 빌리겠다는 생각도 잠시, 가정에서 학습이 지지부진해지면 하나씩 사교육으로 대체하게 된다. 초등 고학년이 되면 교과 선행과 현행 심화뿐 아니라 주말을 이용해 계통별로 수학을 다지거나 영재원을 대비해 수학 등 학습 과정을 잘게 쪼개어 여러 군데 수학 학원을 다니는 아이들이 생긴다.

사실 시간만 많으면 얼마든지 여러 과정을 할 수도 있겠지만, 공부해야 하는 과목이 수학만 있는 것은 아니다. 그리고 아직은 초등학생이고 다양한 분야를 경험해야 하기에 수학 학원을 여러 군데 다니는 것은 좀 더 고민해볼 필요가 있다.

여러 과정을 동시에 진행하면 그만큼 배우는 시간이 많아지는데, 배운 것을 제대로 정리하고 온전히 습득하려면 과제도 해야 하고 틀린 문제도 다시 살펴봐야 한다. 그런 활동에 필요한 시간은 당연히 배우는 시간에 비례해서 늘어날 수밖에 없다. 또 학원에 쏟아붓는 시간이 계속해서 늘어나면 수학 외의 과목에 들이는 시간이 줄어들어 과목 간 학습 균형이 깨지게 된다. 그런 면에서 특별히 어떤 부분이 너무 부족해서 단기적으로 그 영역을 커버하려는 목적이 아니라면 한 번에 여러 학원을 다니는 것은 지양하는 편이 현명하다.

메인이 되는 괜찮은 학원을 한 군데 정해놓고 성실하게 과정을 진행하되, 담당 선생님과 꾸준히 피드백을 주고받으며 부족한 부분이 무엇인지 세심하게 체크하자. 언제나 부족한 부분은 생기게 마련이고 그것을 조기에 발견해서 해결책을 찾는 것은 결국 부모의 역할이다. 꼭 아이를 담당하는 선생님과 함께 문제점을 공유하고 해결 방안을 찾아야 한다. 그리고 아이의 부족 부분을 어떤 방식으로 해결해나갈지도 담당 선생님과 의논하는 것이 우선이다. 아이를 담당해온 사람이 지금까지 진행했던 과정에 비추어 무엇을 더 하면 좋을지 가장 잘 알기에 최선의 솔루션을 제시할 수 있다.

그래서 학원을 선택할 때 선생님의 학벌을 물을 게 아니라 그 선생님이 아이들에게 그리고 학부모에게 어떻게 피드백을 하는지 물어보라고 권한다. 아이들의 풀이를 세심하게 봐주는지, 평가는 주기적으로 하는지, 그래서 아이에게 부족한 부분이 보였을 때 보완책을 찾도록 바로 부모에게 전달해주는지 말이다.

새로 배우는 게 아니라 배운 과정에서 부족한 부분이 생겼다면 충분한 습득 시간을 확보하지 못했을 가능성이 크다. 다른 학원에 가서 배우는 시간을 또 늘

린다고 한들 기대만큼 좋아지지 않는다. 스스로 '나는 왜 이게 잘 안 되는 걸까?' 골똘히 고민하고 계속해서 시도해봐야 비로소 그 약점이 메워진다. 시간을 두고 온전히 내 것으로 습득할 수 있도록 유도해야 하는데, 이는 집에서 할 수 있다. 아니, 집에서 해야만 하는 부분이다. 집에서 보충할 수 있는 시간을 충분히 배려해서 아이가 스스로 극복할 수 있도록 지도하자. 이런 경험이 쌓인 아이가 고등에 가서 자기 주도력을 가질 수 있다. 이런 자기만의 시간이 없다면 다른 수업을 아무리 들어봐야 실력도 약점도 그대로 남을 것이다.

보통 초등학생이 두어 달 열심히 수업을 듣고 과제도 제대로 하면 변화가 생겨야 한다. 그게 맞다. 그런데 몇 달이 지나도 성취도로 연결되지 않는 경우가 있다.

필자는 학부모 상담을 정말 많이 한다. 강의할 때, 새벽에 집필하고 연구할 때를 제외하고는 전화통을 붙들고 살다시피 한다. 상담 요청이 와서가 아니라 필자가 궁금해서 전화를 걸 때가 더 많다. 아이들이 지금 뭘 하고 있는지, 해야 할 것을 찾아서 하고 있는지 확인해야 직성이 풀린다. 그러다가 놀라운 사실을 알아버렸다.

많은 아이가 집에서 공부를 하지 않고 있었다. 수업을 열심히 듣기는 하지만 집에서 문제집 풀어오는 과제를 하는 게 학습의 전부였다. 수업 시간에 중요하다고 짚었던 부분을 다시 한번 정리하고, 오답을 고민해보고, 고민 과정을 온전히 자기 것으로 익혀야 하는데, 그저 문제집 과제를 번갯불에 콩 볶듯 해치우고 마는 것이다. 그래놓고 "공부 다 했어"라고 말하니 성취도를 바라는 건 언감생심이다.

학원에 있는 시간은 그리 길지 않다. 그 시간 동안 전달자(강사)는 추상적인 여러 수학 개념을 효과적으로 전달하는 데 집중해야 한다. 그 내용이 완전히 이해되어 문제에 잘 적용하려면 충분한 습득 시간이 필요하다. 학원에서 배운 내용을 그대로 들고 와 온전히 풀어내어 세세히 살펴보고, 혹시 놓치고 있는 건 없는지 고민하고, 문제를 풀어보면서 자신이 익힌 개념 체계가 잘 작동하는지 확인해야 한다.

자신이 유난히 잦은 실수를 보인다면 왜 그런지도 스스로 생각해야 한다. 똑같은 실수를 반복하지 않으려면 어떻게 해야 하는지 방법을 찾아야 한다. 그게 공부다. 특히 초등생은 무언가를 배우는 시간보다 집에서 익히는 시간이 훨씬 길어야 한다.

여러 과정 동시 진행은 자제하라

여러 과정을 동시에 학습하는 것, 특히나 새로 배우는 과정을 여러 가지 동시에 진행하려고 하는 것은 정말 큰 문제다. 예를 들어 '초등 5학년까지 어느 정도 진행했으면, 초등 6학년은 대수에 해당하는 파트-분수와 소수의 혼합계산, 비와 비례 관련한 단원만 빨리 넘기고 중1과 초등 6학년 과정 진도를 한꺼번에 나가는 게 효율적'이라는 이야기 등이 여기에 속한다.

초등 6학년 때 보는 기하 내용은 결국 중1과 중2 때 다시 나오니까 굳이 시간을 들여서 다 보는 것보다 선택적으로 진도를 나가는 게 속도전에서는 우위를 점할 수 있다. 맞다. 대부분 이런 경우는 빠른 진도 진행을 목적으로 한다. 현재의 진도가 불만족스럽거나 불안하니까, 혹은 목표한 것에 비해 진도가 뒤처지는 것 같을 때 이런 선택을 하게 된다.

실제로 수학적인 감각이 탁월해서 초등 3학년 때 배우는 분수의 첫 개념에서부터 비율을 생각할 수 있는 수학 영재라면 초등 5학년 과정 정도까지 학습한 상태에서 초등 6학년 과정을 가볍게 건너뛴다 한들 큰 문제가 없다. 제일 문제는 그 아이들의 학습 형태를 그대로 따라 하면 똑같은 결과를 낼 수 있을 것이라는 대단한 착각에 빠진 부모들이다. 그런 아이들이 속도의 늪에 빠져서 '잘하는 것'에 대한 감을 잃게 되는 것은 매우 안타까운 일이다. 자신의 개념 이해, 문제 해결 능력에 대한 기준을 가져야 하는데 여러 과정을 한꺼번에 하면 그런 기준과 감각을 형성할 여유를 가질 수 없다.

그래서 여러 과정을 한 번에 진행하게 되면 눈에 보이는 진도는 만족스러울지 몰라도 내실은 형편없을 때가 많다. 아무리 바빠도 하나씩 해결해야지, 이것저것 다 손대다 보면 사방으로 문제점이 드러난다. 그 문제들을 정리하는 데 시간과 노력이 더 오래 걸리는 건 당연한 일이다. 시간을 벌려고 압축적으로 여러 과정을 진행하는 모험을 강행했는데, 시간을 아끼기는커녕 그 이상의 시간을 들여 하나씩 보완해야 하는 경우가 대부분이다.

어디가 필요한 부분인지 정확히 아는 것이 중요한데, 사실 파악하기가 쉽지 않다. 그리고 파악했다고 해서 그 부분을 선택적으로 촘촘히 메울 계획을 짜는 것도 큰일이다. 여러 문제점이 도사리고 있는데도 굳이 빠른 진도만 목표로 하여 여러 과정을 동시에 진행하는 것은 되도록 자제해야 한다. 물론 특별한 목표가 있어서 단기적으로 여러 과정을 진행할 수는 있겠지만, 초등학생에게 단기적으로 여러 진도를 한꺼번에 주입해야 할 특별한 목표가 사실상 많이 리 없다.

진도 욕심이 앞서서 일을 그르치는 경우는 또 있다. 다음 대화를 보자.

강사 어머님, ○○는 중1-1 수학에서 개념 이해도가 떨어져요. 문자와 식 계산 일부를 제외하고는 방정식부터 기본적인 좌표평면에 대한 개념까지 대체적으로 이해도가 낮아요.

어머니 아휴, 그럴 줄 알았어요. 그러면 중2-1 못 들어가나요? 그래도 중1-1이랑 중2-1이 비슷한 내용이라던데, 중2-1 나가면서 연습하면 자연스럽게 좋아지지 않을까요?

강사 일부가 문제라면 그렇게 할 텐데 지금은 전체적으로 개념이 무너진 게 보이는데 왜 그렇게 어려운 길을 가려고 하세요. 게다가 중1-1만의 문제가 아닐 수도 있어요. 5, 6학년 과정에서부터 비어 있는 개념이 있고, 이렇게 생각하지 않고 대강 답만 맞히는 문제 풀이 습관이 자리 잡혔다면 더 진도를 나가는 건 오히려 해가 될 수 있어요.

어머니 잘 알죠. 그런데 아이가 똑같은 거 또 하자고 하면 싫다고 뒤로 나자빠질 거예요. 자존감이 떨어질 것 같아 걱정도 돼요.

강사 그래도 이렇게 진도만 빼다가는 결국 아이만 더 힘들어져요.

어머니 그럼 일단 중2-1 나가면서 집에서 공부하며 중1-1을 메워볼게요. 과외 선생님을 붙여서라도 해볼게요.

처음 설명한 경우가 한 번에 여러 가지 새로운 과정을 진행하는 거라면, 그와 달리 이미 진행한 과정에 대한 보완과 새로운 과정 진행을 동시에 해보겠다는 경우도 있다. 그게 바로 위의 대화와 같은 상황에서 비롯된 맥락이다. 그런데 보완할 수 있는 상황이 있고, 아예 기초 공사부터 다시 해야 하는 상황도 있다.

수학이라는 학문의 특성상 앞 과정을 온전히 이해해야 다음 과정을 진행할 수 있다. 지금까지의 과정이 쑥대밭인데 그 위에 금자탑을 쌓겠다고 한다면 그건 욕심을 넘어 허황된 꿈을 꾸는 것과 같다. 부실공사는 언제가 되었든 그 비루한 모양새가 드러나게 마련이고 그 끝이 좋을 리 없다. '빠르게'가 아니다. '정확하게'에 방점을 찍어야 한다.

방학 활용해 수학 구멍 메우기 대작전

코로나19 여파로 학습 격차가 더욱 심해졌다는 통계가 나오고 있다. 주변만 보더라도 이 시기 동안 더 박차를 가해 학습적으로 완성도를 크게 높인 아이들이 있는 반면, 기존에 하던 것까지 축소해가면서 학습 흐름이 꼬인 아이들이 있다. 유쾌하지 않은 상황에서 비롯된 여유시간이기는 하지만 그 시간을 어떻게 보냈는가에 따라서 결과는 충분히 달라질 수 있다.

초등학생이 특정 시기에 덩어리 시간을 확보할 수 있고 평소 생활보다 여유 있게 시간을 계획할 수 있다면 그 시간을 무엇으로 의미 있게 채울지 생각하고 실행해야 한다. 그 계획이 반드시 공부일 필요는 없다. 다만 공부하겠다고 마음 먹었다면 세밀하게 계획하여 실행하는 것이 좋다.

초등학생에게 가장 여유로운 시간은 방학이다. 여름방학, 겨울방학에 이어 봄방학까지. 이 기간을 잘 활용하면 특히 수학에서 내실 있는 성과를 거둘 수 있다. 이름하여 '초등 수학 강자 되는 방학 대작전'이다.

보통 여름방학이나 겨울방학은 4주 남짓이기에 너무 많은 것을 계획하는 것보다는 다음과 같은 순서로 우선순위를 정하는 것이 좋다.

① 영역별 구멍 때우기

평소 진행했던 과정 중에서 유난히 어렵거나 애매했던 단원을 파악해 그 부분만 집중 공략한다. 개념도 제대로 안 잡힌 단원인데 어설프게 심화 문제를 하다 보면 방학이 금세 다 지나가버린다. 부족한 부분이 개념 이해인지, 응용 연습 부족인지를 잘 판단하고 계획을 세워야 한다. 평소 관찰이 그래서 중요하다.

② 연산 집중하기

연산에 자신감이 생겨야 문제를 읽는 힘이 생기고 시야가 넓어진다. 향후 진행할 과정에서 주로 사용할 연산에 대해 간단히 개념을 학습함과 더불어 '이 정도면 완전히 숙달했다'고 생각될 정도로 기계적으로 빈틈없이 연습해야 한다. 여기에서 포인트는 연산의 원리를 너무 깊게 파고들면 오히려 역효과가 난다는 것이다. 되도록 가볍게 하는 것이 좋다. "이건 이런 개념인데, 결국 계산은 이런 식으로 이루어져. 그러니 이제 연습해보자. 오구오구 잘한다" 이런 느낌으로.

③ 평소 욕심은 났는데 시간 문제로 미뤄두었던 학습 과정에 도전하기

교과와 연산에 어느 정도 자신이 있다면 사고력 문제집이나 심화 문장제 문제집 등을 하나 정해서 4주 동안 목표 분량을 잡고 미션처럼 실행해보자. 책 앞에 미션표를 붙여 단원이 하나씩 마무리될 때마다 스탬프를 찍어준다면 성취욕이 강한 아이들에게는 효과 만점이다.

④ 미취학 혹은 초등 저학년이라면 평소 학습은 연산에 집중하되 방학 같은 덩어리 시간이 주어질 때마다 가볍게 접근할 수 있는 문장제 문제집 (되도록 얇고 가벼운

것으로) 독파해보기

 문장제나 서술형 문제에 겁을 내지 않으려면 저학년부터 천천히 읽고 쓰는 것을 연습해야 한다. 어려운 문제집 말고 쉽게 할 수 있는 책부터 시작해야 거부감이 없다. 점차 문장 수준을 늘려가면서 연습해야 조건을 명확하게 바라보고 문제를 해결하는 감각을 키울 수 있다.

초등일수록 다른 교과목과 밸런스 유지해야

 "왜 이렇게 수학을 많이 시키세요?"라고 물으면 학부모들은 이렇게 답한다.
 "제가 수포자였거든요. 그래서 수학이 잘 안 되면 결국 선택지가 좁아질 수밖에 없다는 걸 너무 잘 알아요."
 "첫째 때 뭘 몰라서 늦게 시작했더니 빨리 시작했던 아이들은 지금 더 많은 부분에서 앞서나갔더라고요. 둘째만큼은 그렇게 만들고 싶지 않아요."
 "선행 안 하고 심화 안 해놓으면 나중에 입시 때 그 어려운 걸 어떻게 감당해요? 시간을 늘리지 않을 수가 없어요."
 결국 수학이라는 과목 자체가 부족한 부분이 눈에 너무 잘 보이는 (것처럼 느껴지는) 과목이라서 문제다. 수학은 대부분 정답이 뻔히 정해져 있기에 정답 유무에 따라서도 그 부족함이 보이고, 아이의 진도 상황을 보면 더욱 그렇다. 그래서 그 부족한 부분을 메우려고 하다 보면 양이나 시간을 늘릴 수밖에 없다. 그렇게 서서히 수학으로 치우치면 타 과목들이 서서히 무너진다. 초등일수록 절대 잊지 말아야 할 것은 과목 간의 밸런스 유지다.
 수학을 잘하려면 문해력이 바탕이 되어야 한다. 문제의 핵심을 읽어낼 수 있어야 하고, 풀이의 적합성에 대해 진득하게 생각하고 고민해야 한다. 그러려면 수학 공부만으로는 수학을 잘할 수 없다. 결국에는 독해 능력, 추론 능력, 논리성 등이 함께 어우러져야만 수학의 승패를 좌우하게 된다. 수학만으로 수학을 극복하려고 하면 분명히 한계에 봉착하게 된다. 변별력이 강한 수학이지만, 그 수학을 잘하기 위해서는 다른 과목에도 애정과 시간을 쏟아야 한다. 그렇게 조화와 균형을 고려해 학습을 관리할 때 비로소 수학 실력에도 날개를 달 수 있다.

수학 문제집 & 학원 선택 노하우

중등 수학에서는 아빠마음 중학수학, 숨마쿰라우데, 인사이트처럼 개념에 접근하는 방법에 대해 상당히 발전적인 시야를 제시하는 책들을 찾아볼 수 있는데, 초등 수학에서는 그런 책을 찾기가 쉽지 않다. 거꾸로 생각하면 '초등 수학 교과 문제집은 다 거기서 거기'라는 이야기다. 경시대회나 영재원 대비처럼 특별한 목적을 가진 경우가 아니라면 말이다. 교과 단원에 얽매이지 않고 다양한 영역의 문제를 다루는 사고력 문제집이 아니라면 특별하게 남다를 이유가 없다.

가끔 "최상위수학, 최고수준, 점프 왕수학 중에서 뭐가 좋을까요?" 또는 "처음 개념 학습을 하는 데 디딤돌 기본응용이 좋은가요, 개념플러스 유형이 좋은가요?"라고 질문해오기도 한다. 대답은 언제나 같다. "대동소이! 도토리 키재기! 결국 학기별로 교과 단원이 정해져 있고, 단원별로 대표 유형도 정해져 있어서 다루는 문제나 수준은 다 비슷할 수밖에 없어요."

문제집을 고르는 데 지나치게 신중하지 않아도 괜찮다. 문제집 하나 잘 골랐다고 아이의 실력이 쑥쑥 올라가지는 않는다. 신뢰도 있는 출판사에서 나온 책이라면 거의 다 비슷하다. 여기에서 '신뢰도 있는 출판사'라는 단서를 꼭 붙이는 이유는 검수 수준이 높고 해설이 비교적 잘 구성되어 있다는 것에서 기인한다. 가끔 천편일률적인 문제집 사이에서 뭔가 문제 수준도 높아 보이고 구성도 독특한 책 가운데 오탈자나 문제 오류가 많고, 문제에 비해 해설의 수준이 형편없을 때가 있다. 예를 들어 초등학교 3학년 분수 기본 개념을 이용해서 해결해야 할 문제의 해설에 5학년 이상 과정에서 나오는 분수의 곱셈이나 나눗셈이 나오는 경우 등이 바로 그것이다. 그래서 되도록 이름은 들어본 출판사의 문제집으로 골라야 한다.

또 교재 관련 추가 문제 워크북이나 오답 노트, 단원평가 등을 별도의 교재 혹은 온라인 파일로 제공하는 것을 선택하면 여러 문제집을 전전하지 않아도 된다. 하나를 보더라도 제대로 보면 초등에서만큼은 여러 권 본 것만큼 효과를 낼 수 있다. 그리고 문제집을 사면 꼭 출판사 홈페이지를 들어가서 확인해보자. 의외로 교사용 부록 문제집이나 워크시트, 평가 시험지 등을 제공하는 경우가 많다. 문제도 기존 교재와 연결되기 때문에 오답 노트를 만들어 약점 공략에 사용하면 유용하다.

또 하나 팁이라면, 해설 강의 QR코드를 제공하는 문제집을 선택하면 아무리 엄마표 수학이라도 효율적인 자기주도학습을 유도할 수 있다. 특히 이제 막 수학 학습을 시작한 초등 아이들에게 개념 설명 하나라도 잘못하게 되면 오개념이 형성될까 염려해 학원을 찾는 경우가 많은데, 이 QR코드가 효자 노릇을 톡톡히 한다. 그런데 이것들을 적극적으로 이용하는 학부모나 학생을 거의 보지 못했다.

그럼 학원은 어떻게 선택하는 것이 좋을까?

초등 시스템은 콘텐츠보다는 강사가 핵심이다. 강사의 강의력은 기본이거니와 무엇보다 가르치는 사람의 마인드가 중요하다. 스스로 학습을 주도적으로 이끌어가기 어려운 저학년이라면 그러한 능력이 키워질 수 있도록 학부모와 긴밀하게 협력하여 발전을 이끌어낼 수 있는 강사여야 한다. 아무리 귀찮아도 아이들 교재를 한 번 더 살펴보고, 풀이 과정을 두 번 세 번 교정해주면서 올바른 학습 습관을 가질 수 있게 해주는 수고로움을 기꺼이 감내하는 강사여야 한다. '나는 수업 시간에만 충실하면 된다'고 생각하는 초등 강사는 진도 떼기만으로도 할 일을 다 했다고 생각하는 경향이 짙다.

고등 아이들 위주로 수업을 하다가 처음 초등 아이들을 가르쳤을 때의 그 당황스러움을 아직도 기억한다. 왜 이리 학부모들은 밤낮없이 카톡을 보내는지, 왜 그렇게 자주 상담을 요구하는지, 과제 챙기는 건 왜 또 이렇게 제각각인지.

필자 역시 '가르치는 것만 잘하면 되지, 과제 챙기고 아이들 관리하는 건 당연히 집에서 알아서 해야지'라고 생각했던 적이 있다. 똑같은 수업을 듣는데도 관리가 잘 안 되는 아이들을 볼 때면 그 학부모를 탓하며 한숨을 쉰 적도 여러 번이었다. 그런데 오랫동안 가르치는 업을 이어오다 보니 그런 학부모들도 결국 경험이 부족할 뿐이었다. 아이를 어떻게 관리해야 하는지 세세하게 지침을 주면 결국에는 바뀌었다.

초등 아이들을 가르치는 강사는 아이뿐 아니라 학부모도 교육한다는 생각을 가져야 한다. 그래서 수업 시간 외에도 학부모와 소통할 수 있어야 한다. 수고스럽더라도 그렇게 해야 아이들의 발전을 기대할 수 있다.

학부모는 학원의 번지르르한 커리큘럼에 넘어가서 학원을 선택하지 말아야 한다. 초등 때는 아이를 함께 키운다는 생각으로 아이에게 적극적으로 다가가 차근히 하나씩 키워줄 수 있는 선생님을 찾아야 한다. 결국 내 아이에게 최선을 다해주는 사람이 최고 아닌가. 아무리 내 자식이어도 가르치다 보면 속이 터지고 조급해지게 마련인데, 그런 내 아이에게 하나씩 차근히 가르침을 줄 수 있는 사람에게 아이를 맡겨야 한다.

7부

대치동과 타 지역의 가장 큰 차이는 과학

07

치밀한 로드맵일수록 남다른 과학

"대치동 아이들은 수학을 그렇게나 하면서 과학도 이 정도를 해요?"

수학은 예상했지만 과학까지는 예상하지 못했다는 반응이 대다수다. 대치동에서는 수학 못지않게 과학에 대한 관심이 높고, 일찍부터 과학 계열의 공부를 실험, 독서, 교과, 체험 등 다방면으로 경험시키는 학부모가 많다. 특별히 영과고를 거쳐 이공계 인재로 키우려는 경우에는 과학에서의 변별력을 위해 모든 자원을 아낌없이 쏟아붓는 경우도 많다.

과학에 대한 대치동 학부모의 니즈도 남다르다. 제대로 하는 분들은 일찍부터 교과를 달리기보다는 각종 경험을 쌓으며 과학에 관심도를 서서히 높여가면서 학업으로 연결되게 하는 치밀한 로드맵을 구사한다. 단지 영과고 로드맵뿐 아니라 2022학년도 수능이나 대학별 논술, 면접고사에서도 과학은 복병이라 할 수 있다. 초등 영재원 입시에서도 마찬가지다.

　암기가 아니라 첫 시작부터 재미와 흥미를 돋우는 수업을 하고, 현실에서 볼 수 있는 과학 현상을 해석할 수 있게끔 가르친다. 그렇게 치밀하게 계획하고 과학에 접근하는 것이 대치동 상위권의 특징이다.

과학은 천천히 시작해도 된다는 이상한 믿음

　아직도 과학을 암기 과목이라고 생각하는 분들이 있다. 또 중요성 면에서 국영수에 비해 우선순위가 많이 밀린다고 생각하는 분도 있다. 아마도 예전 학창시절의 경험을 기반으로 이같이 생각하는 것이 아닐까 싶다. 실제 별다른 선행이나 경험이 없어도 단기간 준비해 상위권으로 발돋움할 수 있는 제1 과목으로 '탐구영역'으로 일컬어지는 과학탐구, 사회탐구를 떠올리는 40대분들이 많으니 말이다.

　암기 과목이라는 전제하에서 '천천히 시작해도 좋다'는 이야기를 하게 되는 것이다. 특히 물리, 화학, 생명과학, 지구과학 중에서 생명과학, 지구과학은 암기할 것 천지라며 일찍 시작할 필요가 없는 과목으로 치부하는 경우가 많다.

　대치동에서도 중등 생명과학, 지구과학을 건너뛰고 물리와 화학만 엮어서 하는 강좌가 훨씬 인기가 많다. 그런데 실제 현행 대입에서는 수능에서 과학 2과목을 선택하도록 하고 있고 이과계열을 선택하는 학생들은 대부분 그동안 죽도록 물리, 화학에 매진하고도 수능 과목은 상대적으로 점수 따기가 쉬운 생명과학, 지구과학 콤비를 선택하는 것이 현실이다.

　정말 과학은 암기 과목이니까 천천히 시작해도 괜찮을까? 과학 공부를 시작하는 시점이야 언제가 되든 상관없지만, 과학이 암기 과목이 아니라는 인식을 분명히 하고 출발했으면 한다. 과학은 절대로 암기 과목이 아니다. 수학과 마찬가지로 탐구영역이다. 초중고 과학을 쭉 따라가다 보면 암기해야 할 용어가 꽤 많기는 하다. 영역별로 정도의 차이는 있겠지만 과학에 대한 배경지식이 적을수록, 이와 관련된 연관 경험의 수준이 낮을수록 낯선 단어의 비중이 크게 느껴질 것이다.

이것이 비단 과학 교과만의 문제일까? 아니다. 고등 과정을 보면 과목을 막론하고 모두 낯선 어휘다. 그런데 왜 유독 과학에만 암기 과목이라는 프레임을 씌우는 걸까? 이게 다 변화하는 입시의 흐름을 읽지 못한 데서 비롯된 문제다. 지금 학생들이 접하는 과학 과목은 단순 지식 암기에서 벗어나 탐구과목으로 위상을 공고히 하고 있다.

'2015 개정 교육과정'에서도 자연 현상과 사물에 대하여 호기심과 흥미를 가지고 과학의 핵심 개념에 대한 이해와 탐구 능력을 함양해 개인과 사회 문제를 과학적이고 창의적으로 해결하기 위한 과학적 소양을 기르는 통합형 과학을 강조하고 있다.

즉, 교과 내용에 포함된 지식을 습득하는 것과 더불어 주어진 자료에 근거해서 상황을 분석, 해석, 적용하는 일련의 활동이 중요해졌으며, 이것이 제대로 이루어지고 있는지 평가하고자 영재원·영과고 입시 및 대입 수능에 이르기까지 많은 입시 전형이 변화를 거듭하며 개정 교육과정과 발걸음을 나란히 하고 있다. 그러니 예전 기억을 더듬어 '과학은 암기 과목이지'라고 우기는 우를 범하지 말자. 그 생각에서 벗어나지 못하면 아이들에게 올바른 로드맵을 제시해줄 수 없다.

수능 일주일 전 고등학생 두 명의 대화를 듣게 되었다.

"과학은 진짜 암기 과목 아니지 않냐?"

"그렇지. 난 1을 알고 있는데 문제에서는 10을 요구해."

"웬만한 공식 다 외우고 문제집도 엄청 풀었는데 아직도 모의고사 문제 보면 못 풀겠어."

"우리 수능 어떻게 보냐."

저 아이들도 그동안 공부를 엄청 열심히 했을 텐데, 그 모든 노력이 '과학=암기 과목'이라고 생각했던 부모 세대처럼 구시대적 방식으로 이어졌던 것은 아닐까 싶어 씁쓸했다.

과학적 호기심은 지식을 빨아들이는 지름길

10여 년 전쯤, 처음 초등 교육에 입문하면서 흥미로운 이야기를 들었다. 굉장히 유명한 사고력 교재 저자분의 이야기였는데, 그분에게 아이들을 데려가면 마치 점쟁이처럼 아이를 잠시 관찰해보고는 바로바로 진로를 결정해준다는 것이었다.

"얘는 영재교나 과학고 준비해!"

"얘는 일반고 가서 내신 열심히 해야겠다."

그야말로 무릎이 땅에 닿기도 전에 모든 걸 꿰뚫어보는 '무릎팍 도사'와 같은 이야기였다. 처음에 그 이야기를 듣고는 '가당찮지. 그게 어떻게 가능해?'라며 웃어넘겼는데 지금은 필자도 가끔 그런 이야기를 한다. 아이들과 잠시 동안 대화해도 많은 것이 보인다. 질문의 핵심을 얼마나 정확하게 파악하는지, 자신의 생각을 어떤 어휘를 사용해서 얼마나 조리 있게 답하는지 보면 알 수 있다.

아이가 어디까지 알고 있는지 궁금해져서 계속 꼬리에 꼬리를 물고 질문을 이어갈 때도 있고, 그 와중에 선행 여부와 관계없이 수많은 배경지식과 왕성한 호기심을 자랑하는 아이들을 발견할 때면 꼭 학부모님께 물어본다.

"어머님, 애 뭐 시키셨어요? 뭘 했기에 이렇게 아는 게 많아요?"

그런 아이들이 제일 많이 했던 것은 바로 독서다. 그리고 두 번째는 왕성한 체험활동이다. 산으로, 들로, 강으로, 바다로, 각종 문화 유적과 과학전시관까지. 부모님과 시간 날 때마다 부지런히 이곳저곳 다니면서 보고 느끼고 활동했던 아이들이다. 집에서 엄마랑 밀가루 반죽도 해보고, 이런저런 음료수를 종류별로 섞어도 보고, 대야에 물을 받아 비눗방울을 만들어 불어보기도 하고.

쓸데없어 보여도 뭔가 많이 해본 아이들이다. 그 모든 경험을 직접 손끝으로 느끼고 머릿속에 촘촘히 심어둔 아이들은 앞으로 활자를 통해 받아들일 수 있는 지식 수준의 결이 다르다. 모든 것을 체험하기는 어렵지만 적어도 이런 경험이 하나둘씩 쌓여가면서 관련 지식을 효과적으로 빨아들이고 다른 지식과 연결하는 힘이 길러질 수 있다.

초등 과학에서 배우는 산화와 환원 단원 중 금속의 부식에 대한 내용을 예로 들어보자. 여러 철제 제품이 수분이 많은 환경에 노출되면 녹이 슨다는 것은 이론적으로 학습할 수 있다. 다만 그 녹이 슨 물건의 표면은 어떤 색인지, 질감은 어떻게 변하는지, 긁으면 어떤 소리가 나고 어떤 부스러기가 떨어지는지 직접 보고 느껴본 아이는 '부식'에 대한 지식을 매우 입체적으로 한 번에 빠르게 입력하게 된다. 부식이 일어나면 내구성이 떨어진다는 것도 경험으로 알고 있기에 이런 현상을 방지하는 대책에 관해서도 머릿속에 빨리 떠올리게 된다. 이와 유사한 문제 상황에서의 탐구 문제도 해결할 아이디어를 재빨리 떠올릴 수 있다. 경험의 힘이란 바로 이런 것이다.

과학전시관에서 물과 땅에 대해 테마별로 경험해본 아이들은 과학 수업에서 물의 순환, 지진, 중력에 대해 배울 때 눈이 총총해진다. 그 이론들이 단순히 글로 다가오는 것이 아니라 생동감 있는 하나의 상으로 머릿속에 콕콕 박히기 때문에 신이 나는 것이다. 아이들이 직접 해보고 느끼는 살아 있는 경험이 이래서 중요하다.

실험 과학 vs 이론 과학

초등 수학에서 사고력 수학과 교과 수학이 이슈라면, 초등 과학에서는 실험 과학과 이론 과학이 핫한 주제다. 입시에서 과학이 결코 만만치 않다는 인식이 확산하고 있고, 특히나 초등생 학부모들에게 뜨거운 감자인 영과고와 같은 특목고에 대한 관심에 힘입어 초등부터 과학에 관련된 다양한 경험을 하는 것이 중요하다는 분위기가 형성되었음을 알 수 있다.

그런데 유·초등 때부터 실험 과학을 접했던 학부모들 가운데 이렇게 하소연하는 분이 많다.

"실험 과학을 할 때는 너무 재미있어 해서 과학에 흥미가 있다고 생각했는데 이론 과학 들어가니 그쪽 흥미는 아닌 것 같아요."

"실험하면서 자연스럽게 지식도 늘겠거니 했는데 학습 효과는 영 떨어지네요. 뭘 배운 건지 모르겠어요."

흥미 위주로 하는 실험 수업은 호기심을 불러일으키는 데 좋은 촉매가 된다. 이렇게 생긴 호기심을 자연스럽게 학습으로 연계해주어야 지식이 온전히 채워지게 된다. 자신이 직접 실험했든, 아니면 실험 과정을 관찰하는 역할을 했든 상관없이 그 실험 과정을 논리 정연하게 정리해보는 후속 활동이 필요하다. 그리고 좀 더 욕심을 낸다면 그에 관련된 기초 개념을 다시 한번 다잡는 목적으로 관련 도서를 탐독하거나 간단한 문제를 통해 개념이 잘 정리되고 있는지 확인하는 절차가 필요하다. 어떻게 한 번 본 것만으로 만족할 수 있겠는가.

물론 2학년 이하의 어린 학생이라면 다양한 실험을 하면서 많이 보고 느끼고 호기심을 고취시키는 것만으로도 의미가 있다. 실험 후 관련 내용 정리에 너무 욕심을 내게 되면 오히려 과학에 흥미가 떨어질 수 있다. 실험 후 정리 활동은 용어에 대한 정확한 이해, 실험 과정에서 재미있었던 내용, 현실 생활에서 비슷한 사례를 생각해보는 정도로 간단하게 하는 것이 바람직하다.

하지만 초등 3학년 이후에 시작하는 과학 활동은 실험과 더불어 후속 활동의 양과 깊이를 서서히 더해가는 것이 좋다. 실험에 관련된 도서도 끄준히 읽을 수 있도록 미리 실험과 관련된 가벼운 도서를 찾아두는 것이 좋다. 과학은 현실 세계를 논리적, 체계적으로 이해할 수 있도록 만들어진 과목이기에 종합적인 이해력을 요구한다.

그래서 단편적인 실험만으로는 과학적 사고 확장에 큰 도움이 되지 않는다. 특히나 실험 과정에서의 과학 현상을 이해하고 이론과 결부해서 완전히 소화할 수 있으려면 높은 언어적 이해력이 필수적이다. 물리학이나 화학을 온전히 이해하려면 그에 상응하는 수학적 사고 능력이 수반되어야 한다.

정리하면, 실험 과학으로 과학 경험을 시작하는 것은 매우 바람직하나, 그 경험을 이론 과학과 접목해 지식적인 완성도를 올리려면 실험 후에 학생의 언어적·수리적 이해도를 고려해 활동에 대한 체계적인 학습 조정이 필요하다는 것이다.

또 하나, 초등 고학년이라고 해서 시간이 부족하니 효율성을 기한다는 이유로 실험을 건너뛰고 이론 과학 위주로만 지식을 주입하려 한다면 그 자체가 암기 활동으로만 돌아갈 수 있다. 영상으로라도 꼭 필요한 실험 과정은 보면서 과학 공부를 이어가기를 바란다.

영재원에서 가장 많이 선발하는 과학 영재

"손아름이 딱 한 명만 더 있었으면 좋겠다."

늦여름부터 초가을 무렵 온몸의 세포를 긴장하게 만들고 물 마실 틈조차 주지 않는 시간이 도래한다. 그건 바로 영재원 입시.

영재원이 이렇게까지 핫 이슈였던 적이 있을까 싶을 정도로 요즘 초등 영재원에 대한 관심은 타의 추종을 불허할 정도로 광풍이다. 영재원 졸업이 특목고 입시나 대입에 가산점이 되는 등 직접적인 도움이 되는 것이 아닌데도 이렇게 관심의 대상이 되는 이유는 '여러 아이가 섞여 있는 일선 학교 수업에서는 하기 어려운 수준 높은 심화학습'이 가능하기 때문이다. 내용적인 심화도 이유겠지만 교육 방식 역시 학생의 창의 사고력을 최대한 이끌어내는 방향으로 발전하고 있다. 영재원에서는 선발 기관에 따라 다소 상이하겠지만 대부분 자소서나 탐구보고서, 지필평가, 면접 등을 통해 관련 분야에 대한 지적 호기심과 배경지식, 내용을 표현하는 방법인 창의성과 유창성, 독창성을 지닌 학생을 선발한다.

그리고 그 아이들을 대상으로 교과 범위를 넘나드는 수준 높은 교육을 진행한다. 소수 인원이 팀을 이루어 결과물을 만들고, 그 산출물에 대한 발표, 토론 등 학생이 중심이 되어 탐구 과정을 적극적으로 이어간다. 이 과정에서 담당 교수진은 학생 교육뿐 아니라 연구 방향에 대한 가이드를 제시하고, 결과에 대한 올바른 고찰과정에 이르기까지 영재 교육의 축을 담당한다. 이런 과정에서 아이들은 적극적으로 탐구 과정을 고민하게 되고, 자기주도적인 실험 설계와 자료 수집, 관련 지식 탐구가 자연스럽게 이루어진다. 이런 여러 가지 이유로 영재원에 우수한 아이들이 몰리게 되었다.

영재원은 크게 대학 부설 영재원, 교육청 영재원, 영재 학급까지 세 가지로 나눌 수 있는데, 그중 수·과학 영재(수·과학 융합, 정보 영재 포함)가 압도적인 비율을 차지한다(전체 선발인원의 85%). 또한 그중에서도 과학 영재의 비중이 특히 높다.

영재원을 이수했다는 이력이 특목고나 대입에 직접적인 영향이 없는데도 영재원에 대한 이슈가 거센 이유는 일차적으로 특목고 입시 자체가 변화하고 있는 데서 찾아볼 수 있다. 지금까지 특목고 입시는 수·과학 전쟁이었다. 누가 더 선행을 많이 했고, 누가 더 많이 심화를 했는지가 중요했다. 단순히 중·고등 과정뿐 아니라 대학 과정에 이르기까지 빛의 속도로 달리면서 심화까지 거듭해야만 영과고를 필두로 한 특목 입시에 성공할 수 있었다. 그런 가운데 1차 제출 서류에 수·과학 경시대회나 정보 올림피아드 등 외부 대회 성적은 기재할 수 없게 되었고, 유일하게 쓸 수 있는 것은 학생부의 '행동특성 및 종합의견'란에 영재원 수료 여부뿐이었다.

하지만 이 한 줄 쓰자고 주말의 상당 시간을 할애하면서 어려운 수준의 수업을 연 단위로 소화해야 하다 보니 -그것도 사교육에서는 하나하나 떠 먹여주고 소화시켜주는 수업을 하는데, 영재원에서는 학생 스스로 탐구하게 만드는, 사교육에서 제시하는 그것과는 차원이 다른 수업이다 보니- 효용성이 높지 않다는 이유로 잠시 영재원의 인기가 주춤했던 것도 사실이다.

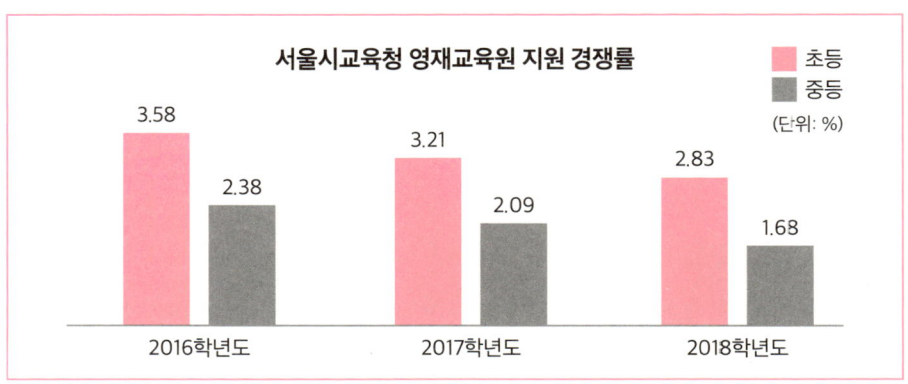

영재교육원 인기가 시들해지고 있다. 어린 학생의 잠재 능력을 조기에 발굴해 계발하기 위한 영재교육원은 영재고·과학고 진학을 위한 '사전 코스'로 여겨지면서 학부모들 사이에서 인기가 높았다. 하지만 조기 교육이 일반화되고 입시에 도움이 안 된다고 알려지면서 경쟁률이 해마다 떨어지고 있다.

10일 서울시교육청에 따르면 지난달 접수 마감된 서울시교육청 산하 11개 교육지원청의 영재교육원은 올해 2.23 대 1의 경쟁률을 기록했다. 총 5,980명을 뽑는데 1만3,339명이 지원했다. 경쟁률은 2016년 2.96 대 1과 2017년 2.66 대 1에 이어 3년 연속 하락세다.

영재교육원은 크게 대학부설 영재교육원과 전국 지역별 교육청 영재교육원, 각 학교 운영 영재학급에서 이뤄진다. 이 가운데 정부 예산 지원이 없는 영재학급을 제외하면 교육청 영재교육원이 전체의 절반을 넘는 비율로 가장 활발하게 운영되고 있다.

한때 영재고와 과학고의 사전 코스로 알려졌던 영재교육원이 학부모 관심에서 멀어진 가장 큰 이유는 '입시에 별 도움이 안 된다'는 판단 때문이다. 서울 강남의 한 학부모는 "영재교육원 출신이라는 점이 입시에 도움이 안 된다는 사실을 주변 학부모들이 대체로 알고 있다"며 "오히려 아이가 '영재'라는 부담 때문에 기대에 못 미치는 성과를 내는 사례도 많이 봤다"고 말했다. 특목고 입시에서 가점을 받을 수 없고 자기소개서에 영재교육원 출신이라는 사실조차 적을 수 없어 효용성이 낮다는 얘기다. 게다가 방과 후나 주말을 이용해 수업을 받아야 하다 보니 사교육을 받는 일반 학생보다 성적 향상이 더디다며 영재교육원을 포기하는 학부모들도 있다. 정부가 수시와 학생부종합전형 등 내신 위주의 입시 정책을 강화하는 추세여서 내신 관리에 집중하는 게 더 낫다는 판단도 작용했다.

<서울경제신문> 기사 중

그런데 과학영재고 입시가 변화하기 시작했다. 1차 서류, 2차 지필평가, 그리고 3차 캠프 전형에 이르기까지 그 각각의 무게감이 변화하기 시작한 것이다. 1차 서류는 무난히 통과하는 게 일반적이고, 3차는 인성과 면접 위주라서 결국 2차

지필에서 대부분 결정되었다. 그런데 이제는 1차 서류부터 불합격하는 사례가 많아졌으며, 2차는 오히려 심화 수준이 낮아지고 있고(정부의 교육정책과도 맞닿아 있다) 그 때문에 수·과학 영역 변별력이 감소하자 3차 캠프의 비중이 매우 커지는 경향을 보였다. 글쓰기를 통한 인문학적 소양을 살피는가 하면, 자기소개서를 바탕으로 하는 인성 면접을 1인당 50분 내외(30문항)로 하는 곳도 있었다.

과거 캠프에서는 실험 설계, 조별 과제, 구술 면접, 토론 등의 항목이 주요 평가 요소였다면 지금은 이에 더해 수·과학 지필평가와 더불어 글쓰기, 인성 면접이 추가되어 부담감이 더욱 커졌다.

이런 부분은 특목고 입시 직전에 단기간 노력한다고 해서 극복할 수 있는 게 아니다. 상황이 이렇다 보니 특목고 진학을 생각하는 학부모들은 이런 부분을 대비할 필요를 느끼게 되었고, 영재원의 체계적인 교육이 다시 각광을 받게 된 것이다. 초등 영재원부터 중등 영재원, 교육청 영재원, 대학 부설 영재원까지.

입시 때문에 다시금 주목을 받는 듯하여 씁쓸하기는 하지만, 입시와 관계없이 영재원의 학습은 매우 추천할 만하다. 다만 여러 이유로 다시금 영재원의 인기가 높아지고 있기에, 영재원에 선발되는 것조차 매우 어려워지고 있다. 하지만 예전과는 다르게 대학 부설 영재원을 시작으로 '선발 후 교육'보다 '선교육 후선발'의 모습이 갖춰져가고 있으니 초등학생을 둔 부모님들이 관심을 가지고 영재원에 도전해보기를 바란다.

다음은 초등학생들이 대학 부설 영재원에 지원하려면 제출해야 하는 탐구보고서의 내용, 입학 후에 학습하는 내용, 그리고 실제 교육하고 있는 내용을 일부 발췌한 것이다. 내용도 내용이지만, 초등 때부터 이러한 내용을 주도적으로 탐구하도록 꾸준히 교육받아온 학생들이 과학 학습에서 얼마나 크고 넓은 시야를 가지게 될지에 대해서는 의문을 품을 여지가 없다.

▶ **영재원 관찰전형 탐구보고서 사례(선교육 후선발에서 사용되는 과제)**

■ 창의융합(초등 공통 과정에 해당)
- 나를 설명할 수 있는 나만의 전시실 만들기(나의 성장 과정, 장단점, 장래 희망, 이와 관련해서 노력하고 있는 것 등을 자유롭게 구성하여 나에 대해 적극적으로 설명하기)
- 전혀 연관관계가 없어 보이는 2가지 이상의 물건을 융합한 발명품 혹은 실생활에서 사용되는 물건 찾아보고 이와 유사한 나만의 발명품 제작하기

■ 과학(초등 3~4학년에 해당)
- 석굴암 보수 시 여러 문제점 때문에 결로(수증기 맺힘)가 나타나고 있는데 이를 해결하기 위한 나만의 창의적인 방안 고안하기
- 자격루에서 압력이 달라지면 물통에서 물이 떨어지는 속도에 차이가 발생하는데 이것은 어떻게 해결하는 것이 좋을지 나만의 설계도 구상하기
- 이것에서 비롯된 생활상을 추측하고 그렇게 생각한 나만의 근거 설명하기
- 여러 동물의 뼈를 비교 관찰하여 그 공통점과 차이점 서술하기
- 나침반을 들고 우리 집 안을 이곳저곳 돌아다니며 나침반이 가리키는 방향을 그린 지도 만들기. 그리고 어떤 곳에서 나침반이 북쪽을 가리키지 않는지 살펴보고 그곳의 특징 조사하기

■ 수학(초등 3~4학년에 해당)
- 정육면체의 전개도 11가지 찾기
- 이를 이용하여 정사각기둥의 전개도는 모두 몇 가지인지 찾아보기
- 펜토미노 도형을 활용한 나만의 수학 게임 만들기(게임 제목, 게임과 관련

수학 단원 및 수학적으로 달성하고자 하는 목표, 게임 주 사용 연령대, 게임 인원수 및 자세한 게임 방법 서술)
- 다양한 조건이 주어진 상황에서의 사다리 타기 탐구문제
- 사다리 타기 경우의 수 구하고 이를 바탕으로 일반화된 식 구하기
- 우리가 살고 있는 세상에 수학이 깃들어 있다는 뜻은 무엇을 의미하는지 생각해보고 나의 의견 정리하기
- 지금까지 자신이 해왔던 의미 있는 수학 활동에 대해 정리해서 나만의 탐구보고서 만들기(향후 예상되는 추가 연구과제까지 연결해서 제시)

▶ **영재원 교육 내용 사례(입학 후 실제 교육받는 내용 및 실제 과제 사례)**

■ 무한대(∞)와 관련한 강의를 보고 난 뒤 자신의 생각 정리하기

1. $\infty - 3$은 어떤 값을 가지게 될까?
그렇게 생각한 이유에 대해서 자신만의 방식으로 설명하기

2. 자연수의 집합을-N, 짝수의 집합-E, 홀수의 집합-O
(1) N과 E의 크기는 같다. 그렇다면 N과 O의 크기도 같다는 것을 어떻게 증명할 수 있는가?
(2) 앞의 (1)을 이용하여 $\infty+\infty=\infty$(즉, $2\times\infty=\infty$)에 대해서 자신만의 방식으로 설명하기

3. 특정 자연수로 나누었을 때 그 나머지를 모아놓은 집합을 각각 A, B, C라 하자.

(1) 세 집합 A, B, C의 크기는 모두 N(자연수의 집합)의 크기와 같음을 증명하기
(2) 지금까지의 결과를 이용하여 ∞+∞+∞=∞를 설명하기

4. 지금까지의 결과를 이용하여 왜 ∞÷∞를 정의할 수 없는지 설명하기

초등생이 관심 가져볼 만한 과학대회

① 교내 과학 행사

매년 4월이면 전국 학교에서는 과학의 달을 맞아 여러 행사를 개최한다. 교내 융합과학 탐구대회, 항공우주 탐구대회, 자연관찰 탐구대회, 과학토론 탐구대회, 교내 과학상상 그림대회 등이 있고, 초등학교에서는 보통 4학년부터 참여할 수 있다. 초등에서부터 과학에 대한 흥미를 높이자는 취지에서 만들어진 만큼 평소 관심이 있었거나 도전해보고 싶은 대회에 참가 지원만 하면 별도의 선발 없이 참여할 수 있다.

과학은 교과서로만 공부한다고 하여 잘할 수 있는 과목이 아니므로 직접 보고, 만지고, 체험해보는 경험이 무엇보다 중요하다.

- 다양한 식물을 관찰하고 그 식물이 어떤 식물인지, 다른 식물과의 공통점 및 차이점은 무엇인지 나만의 분류기준을 만들어보기
- 작은 아이디어의 조합에서 출발하여 나만의 독창적인 결과물을 만들어보는 과학 상자
- 여러 가지 재료와 여러 가지 환경 조건에 대응 가능한 에어로켓을 만들어보

고 실제로 로켓을 날려보면서 내가 계획한 것과 실제와의 차이 및 이유 고민 해보기
- 평소에 관심 있던 과학적 주제에 대해서 나의 생각과 창의력을 마음껏 발휘 해볼 수 있는 과학 상상 그림 그리기

한 가지 주제를 깊이 파고들어 연구하고, 자신의 의견을 공고히 할 수 있는 근거를 쌓아나갈 수 있으며, 자신의 생각과 반대되는 의견에 대한 수렴과 반박을 통해 적극적으로 지식을 쌓을 수 있는 과학 탐구 토론도 있다. 작은 호기심과 작은 아이디어 하나에서 출발하여 과학이라는 큰 학문이 만들어진다. 이런 독창성과 창의력, 관찰력이 뒷받침되어야 하는 대회를 경험함으로써 과학 과목에 더욱 친숙해질 수 있다. 또 자신도 알지 못했던 부분에서 재능을 발견하는 계기가 되기도 한다.

② 외부 과학 행사

지역별 또는 전국 단위로 학생들이 참여할 수 있는 과학대회는 교내 대회와는 비교도 되지 않을 만큼 다양하게 열린다. 과학 과목의 특성상 크게 물리, 화학, 생명과학, 지구과학으로 나누어 여러 대회가 개최되고 있으므로 우리 아이가 어느 분야에 관심이 많은지 관찰하여 그 분야의 대회에 참가하게 하면 좋은 경험을 쌓게 될 것이다.

에너지 환경 탐구대회, 온라인 기후과학 퀴즈대회 등이 있다. 또 과학상상나눔 페스티벌처럼 즐기면서 참여하여 비행기가 뜨는 원리를 학습하고 텀블링 만들기, 기계장치의 원리를 이해하고 기계식 저금통 만들기 등을 통해 흥미와 재미를 느끼며 참여할 수 있는 대회도 많이 열리고 있다. 특히 주제 제한 없이 자신

의 관심 분야를 드러낼 수 있는 과학탐구대회, 발명대회 등 초등생이 참여할 수 있는 여러 대회가 있으니 일 년에 하나씩 도전해보는 것을 로드맵에 넣어보면 어떨까?

③ 체험 행사

지역별 박물관이나 과학관에서는 상시 관람 가능한 여러 전시를 하고 있다. 지하철을 타고 쉽게 갈 수 있는 곳도 많으므로 주말 나들이로 과학관을 공략해보면서 아이들의 과학적 상상력을 이끌어내는 것도 좋은 방법이다. 또 지역별로 기간에 따라 한정적으로 아이들이 체험하고 관람할 수 있는 프로그램들도 있다. 방학을 이용해 전국 박물관과 과학관 일주 계획을 세워보는 것도 좋다.

아이들과 우리나라 전국 지도를 만들고, 그 지도에 직접 가본 곳을 표시해보자. 박물관이나 과학관을 갔다 온 것에 그치지 않고 그곳에서 보고 느낀 점을 잘 정리하여 차곡차곡 모은다면 소중한 가치를 지닌 한 권의 값진 책으로 탄생할 것이다. 블로그나 밴드 같은 온라인 채널을 활용하여 그날의 기록을 사진이나 영상과 함께 업로드하면 우리 아이만의 포트폴리오가 될 수 있다. 아는 만큼 보이는 법이다. 이런 다양한 경험을 함으로써 과학적 지식 향상은 물론이거니와 실생활 속 다양한 과학적 원리에 대해서도 밝아지게 된다.

가장 효율적인 과학 학습 로드맵

과학을 공부하는 이유는 무엇일까?
▶ 자연 현상에 대한 호기심을 갖고, 탐구하는 자세를 가지며 과학 지식을 습득하는 것
▶ 과학적 사고를 통해 문제 해결력을 키우는 것

이것이 과학을 공부하는 핵심이다. 그러므로 과학에서는 단원별 주요 개념을 정확하게 이해하고, 개념의 연결 고리를 통해 종합적으로 이해해야 한다. 또 과학 용어, 공식과 같이 암기해야 할 내용부터 시작하여 과학 현상을 도식화한 그림이나 도표를 이해하고 해석할 수 있는 응용력을 길러야 한다.

미취학~초등 2학년

이 시기 아이들은 모든 것이 호기심으로 가득 차 있다. 눈에 보이는 곳곳의 모든 것이 궁금증의 대상이고 질문도 많을 수밖에 없다. 이때 그 호기심을 계속해서 뻗어갈 수 있게 해야 한다. 즉, 부모는 아이가 물어보는 것에 대한 궁금증과 과학적 호기심을 충분히 해결할 수 있도록 상호 작용을 해주어야 한다.

따라서 다양한 과학 동화를 읽어주면서 관련 실험까지 함께하는 활동이 필요하다. 아이에게 원리를 설명해주고, 주변에서 쉽게 찾을 수 있는 것을 이용해 과학 실험까지 하게 되면 아이들은 자연스럽게 과학적 지식을 쌓아갈 수 있게 된다. 과학을 잘하는 아이, 좋아하는 아이로 키우고 싶다면 반드시 아이의 과학적 호기심을 풀어주고 다른 것과 연결시켜줄 수 있는 부모가 되어야 한다.

초등 3~4학년

9세까지 다양한 과학 동화를 읽고 관련 실험을 꾸준히 했다면 이제부터는 본격적으로 이론 과학을 시작해야 한다. 이 시기에는 폭넓은 학습으로 과학적 지식을 습득해야 한다. 초등 교과의 기본 개념과 원리 그리고 초등 교과와 연관된 쉬운 중등 개념의 원리까지 치밀하게 다지며 초등 교과 과학을 완성해야 한다.

하나 더, 초등 과학 교과라고 우습게 보지 말고, 중·고등 과학의 기틀을 잡는다는 생각으로 폭넓게, 깊이 있게 공부하자. 간혹 초등 과학 별거 없다며 중등으로 바로 건너뛰는 경우를 보게 되는데, 되도록 그런 학습은 지양해야 한다. 초등 과학은 단순한 이론 정리가 아니다. 그 과학적 현상이 실생활에서 어떻게 적용되는지 다양하게 경험할 기회를 제공하며, 아이로 하여금 과학적 이론을 차근히 정리할 수 있게 해주는 소중한 시간이다. 이렇게 아이가 과학에 깊어질 수 있는 시간을 주지 않고 중등 과학으로 바로 건너뛰는 것은 긴 시야로 보았을 때 결코 효율적이지 않다. 물론 여러 과학 서적을 탐독하며 초등 교과에 있는 내용을 이미 내실 있게 흡수한, 몇 안 되는 경우의 아이들은 제외하고 말이다.

초등 5~6학년

이 시기는 중등 교과 1회독 및 관심 있는 과학 영역의 응용학습을 하기에 좋다. 시간적인 여건이 허락한다면 저학년 때의 흥미 위주 실험이 아닌, 교과 이론에 관련된 좀 더 고난도 실험을 경험해보는 것도 좋다. 직접 실험에 참여하여 원리를 터득하는 것도 좋지만 모든 실험을 외부 도움 없이 다 해볼 수는 없으니 사고실험(thought experiment)이나 실험 동영상을 활용하여 간접 경험을 하는 것도 좋다. 일단 중등 입학 전까지 최대한 많은 실험을 전방위로 경험해두는 것이 중·고등 과학을 빠르게 이해할 수 있는 바탕을 키워준다.

   과학 로드맵은 수학 학습과 더불어 고려해야 한다. 중등 과학 이상 들어가게 되면 그에 해당하는 학년의 수학을 이해하는지 여부가 중요해지기 때문이다. 예를 들어 중2 화학이나 물리를 공부하고 싶다면 중2 수학의 연립일차방정식이나 일차함수와 그래프 등을 알고 있어야 수월하게 이해할 수 있다. 아무리 과학을 좋아한다고 해도 이런 수학적 기초가 없다면 꽤 많은 부분에서 제동이 걸리게 된다. 그러니 과학 로드맵은 반드시 수학 과정을 고려하여 잡도록 하자.

8부

나는 내 아이의
로드맵 전문가여야 한다

08

저학년일수록 중장기 로드맵에 관심 가져라

고등학생을 가르칠 때는 아이들이 이미 많이 큰 상황이라 성장을 지켜볼 물리적인 기간이 길지 않아서 그 아이의 온전한 성장과 발전을 지켜본다는 느낌을 크게 받지 못했다. 당장 눈앞에 있는 시험 성적이 문제였기에 점수를 올리는 데 급급했을 뿐, 아이의 사고 구조가 치밀해지고 차원이 다른 발전을 거듭하고 있다는 생각은 하기 어려웠다. 되든 안 되든 양으로 밀어붙여서라도 성적이 잘 나오게 하는 것, 그것이 가장 중요했다. 그렇지만 그런 진통 끝에 성적이 오르면 다행이라는 마음도 잠시, 이것이 과연 온전한 실력의 성장이 맞는지, 벼락치기와 양치기의 반짝 효과는 아닌지 고민하면서 늘 아쉬운 생각이 들었던 것도 사실이다.

그러다가 초등학생을 교육하면서 시각이 달라졌다. 타고난 것과는 크게 상관없이 초등 저학년부터 무엇을 어떻게 하느냐에 따라 대입에서 '얼마든지', '충분히' 생각한 만큼 좋은 결과를 기대할 수 있다는 것을 경험했다. 그리고 그 경험을 기반으로 초등 저학년 때의 로드맵 설정이 얼마나 중요한지 알게 되었다.

몇 줄짜리 글을 쓸 때조차도 맞춤법 틀리기가 예사인 초등 저학년 아이들이 순식간에 중학생, 고등학생이 되어 몸도 마음도 훌쩍 커버리는 것을 볼 때마다 이 아이들이 잘 성장하려면 세밀한 계획과 뚝심 있는 실행이 뒷받침되어야 한다는 생각이 강하게 든다. 초등 저학년부터 꼼꼼한 학습 로드맵을 세우고 이를 바탕으로 하나씩 성취해나간다면 대입에 이르기까지 꾸준한 성장을 기대해볼 수 있다. 무엇보다 이 과정에서 학부모는 막연한 불안감에 휩싸여 "옆집 아이는 뭘 한다더라"라고 이야기하며 아이를 이리저리 흔들지 않도록 중심이 바로 서 있어야 한다.

'어떤 성공이라도 구체적인 계획이 필요하다. 아이의 입시 성공을 위해서는 저학년 때부터 중장기 로드맵에 관심을 가져야 하고 오직 내 아이만을 위한 로드맵 디자인을 시작해야 한다.' 초등 자녀를 둔 모든 학부모가 이런 생각으로 내 아이에 맞는 중장기 로드맵을 설계할 수 있기를 바란다.

엄마의 마음을 여유 있게 해주는 로드맵

목표가 생기면 그것을 이루기 위한 작은 목표를 세우고, 또 이를 성취하고자 더 작은 목표와 계획을 수립하게 된다. 그렇게 하나씩 퍼즐을 맞춰나가듯 커다란 그림을 그리고 나면 그것이 바로 내 아이만을 위한 로드맵이 된다. 그런데 아이를 키우다 보면 모든 것이 계획대로 흘러가지는 않는다. 조금씩 나태해지는 모습을 보고도 '아직 초등인데…', '이번 달은 쉬고 다음 달부터 다시 해볼까' 하는 생각을 스스로 용인하고 적당히 넘어가다 보면 어느새 계획과는 거리가 한참 멀어져 있게 된다. 그래서 다시 계획을 수정하지만 이조차 잘 지켜지지 않는다면 아직 우리 아이는 뭔가 할 때가 아니라고 생각하거나 아예 통 크게 한 해 가볍게 건너뛰고 '내년부터는 기필코'라고 다짐하는 경우도 많다.

이런 모습은 플래너를 처음 쓰는 학생들에게서도 많이 나타난다. 뭔가 신나서 원대하게 계획했다가 그중에 상당 부분을 실행하지 못한 걸 알게 되면 괜한 자괴감에 빠져서 플래너 따위는 보기도 싫어지고, 그렇게 하루 이틀 쓰지 않다 보면 플래너 자체가 처치 곤란한 쓰레기가 된다. 그러고는 '다음 달부터는 꼭 열심히 쓰고 계획성 있게 살아야지!' 하는 것이다.

애초에 중장기 로드맵을 짤 때는 큰 목표를 잡고, 그를 위해서 올 한 해는 무엇을 해야 할지, 분기별로는 어떤 목표를 가져야 할지 생각하고 월별 To do list를 만드는 것이 좋다. 그런데 이 과정에서 지나치게 높은 목표치를 수립하면 문제가 생긴다. 아이의 컨디션이 그 계획을 감당할 수 없을뿐더러 예상에 없던 변수가 생기는 일도 다반사다. 또 부모가 생각한 것보다 아이의 성취도가 낮다면 추가적인 시간 배분이 필요할 수도 있다. 따라서 목표를 수립할 때는 반드시 내 아이를 기준으로 해야 한다.

옆집 아이가 굉장히 성공적인 특목고 로드맵을 밟아나갔다고 해서 우리 아이가 그대로 따라갈 수 있으리라고 생각해서는 안 된다. 옆집 엄마가 "주요 과목 아닌 건 다 줄이고 수학에 올인해야 해. 의대 가는 애들 수학 진도 장난 아니잖아. 학원에서 선행 뽑고 집에서는 과외 붙여서 심화 따로 해야 해. 미리 진도 다 빼놔야 나중에 수학 때문에 고생 안 하지. 내 말 들어"라고 말해도 내 아이가 그렇게 수학을 했다가는 지쳐 나자빠질 캐릭터라면 그렇게 해서는 안 된다. (그런 캐릭터인지 아닌지는 부모가 제일 잘 알 것이다.) 입시에서 성공을 맛본 아이들의 커리큘럼은 참고만 하고, 내 아이의 성향에 맞게 오직 내 아이만을 위한 중장기 로드맵을 그려야 한다.

그렇다면 무엇을 먼저 해야 할까? 우선 아이를 세밀하게 관찰해야 한다. 구체적인 계획을 세울 때는 반드시 그에 필요한 시간을 잘 배분해야 한다. 계획에 없던 다른 스케줄 때문에 계획을 수정해야 하거나, 일정 부분의 학습 내용을 복습해야 하는 상황이 언제라도 발생할 수 있다. 그러므로 이런 상황이 닥쳐도 미리 세워놓은 큰 그림이 흐트러지지 않도록 어느 정도 여유 있게 계획을 세워야 한다. 계획이 지나치게 빠듯해도 문제지만 계획이라고 말하기 무색할 정도로 하염없이 느슨해서도 의미 없기는 매한가지다.

지금까지 아이의 미래를 막연하게 생각했거나 목표를 초등 졸업할 때까지 중등 수학 한 번 훑는 정도가 전부였다면 이제는 좀 더 정교하게 로드맵을 짜보자. 계획을 잘 세우려면 부모가 얼마나 많이 공부해야 하는지 알게 될 것이고, 내 아이가 무엇을 어떻게 공부하고 받아들이는지 관찰하는 눈이 달라질 것이다. 맞다. 부모부터 달라져야 한다. 부모가 달라질 때 비로소 아이의 변화를 이끌어낼 수 있다.

아이의 능력이 100이라면 그 100을 온전히 다 발휘할 수 있도록 해주는 도구가 바로 계획이고 로드맵이다. 내 아이가 능력을 온전히 발휘할 수 있도록, 그리고 입시 성공뿐 아니라 인생의 성공으로 이어지게 하는 첫걸음은 초등 저학년 때 학부모가 아이를 위해 치밀하게 공부하여 준비한 중장기 로드맵 설계라고 믿어 의심치 않는다.

내 아이를 위한 로드맵

앞에서도 언급했지만 로드맵은 철저히 내 아이에 맞춘 것이어야 한다. 형제자매 간에도 불과 물처럼 성향이 완전히 다른 경우가 다반사다. 어떻게 다른 누군가와 똑같은 길을 쉽게 갈 수 있겠는가. 첫째 아이 때 이런저런 시도를 했을 때 아이가 수월하게 따라와서 둘째에게도 밀어붙였는데, 뭐 하나 순탄하게 되는 게 없다며 하소연하는 부모님들이 생각보다 많다. 첫째 때 너무 늦게 공부를 시킨 게 후회되어 둘째 때는 일찍부터 시작했는데 전혀 따라주지 않는 경우도 많다. 반대로 첫째 때 이것저것 다 시켜봤는데 제대로 된 게 없어서 둘째는 그냥 방목하겠다고 하는 분들도 많다. 이 모든 것의 공통점은 '내 아이를 잘 모르는 데서 오는 판단 착오'다. 아이의 발달 속도에 맞춰서 완급을 조절할 수 있어야 하는데, 그러려면 아이의 학습 상황을 세심하게 관찰해야 한다. 그리고 아이의 성향과 수준에 맞는 로드맵을 세워야 한다.

필자는 영과고로 가는 로드맵, SKY로 가는 초등 저학년부터의 로드맵을 주제로 설명회를 해마다 수차례 연다. PT 화면에 표준로드맵 등의 다이어그램이 뜨는 순간 여기저기서 카메라 찰칵 소리가 쉴 새 없이 들려온다. 그리고 설명회 이후 상담 시간에는 필자가 제시한 표준로드맵보다 자기 아이가 뒤처져 있다면서 어떻게 따라잡아야 하는지 묻곤 한다.

설명회 내내 필자가 보여준 것이 일반적인 로드맵이기는 하지만 절대적인 것은 아니며, 아이의 발전 속도에 맞게 조절하는 것이 중요하다고 엄청나게 강조했는데도 그 이야기는 까맣게 잊어버리고 어떻게든 그 로드맵에 끼워 맞출 생각부터 하는 것이다. 결국 또 반복해서 이야기해준다. 지금 무리해서 그 로드맵에 끼워 맞추면 분명히 부작용이 생긴다고, 공부는 전진할수록 힘을 가지고 더 가속도를 붙여나갈 수 있도록 해야 한다고, 물리의 법칙이 공부에도 그대로 작용한다고.

입시 성공을 위한 공부는 철저히 '잘하는 것'에 초점을 맞춰야 한다. 눈에 보이는 겉보기 등급을 그럴싸하게 끌어올리는 것에 급급하면 언젠가는 부작용이 드러나게 되어 있다. 무엇보다 아이들의 때를 기다려야 한다. 누군가는 초등 1학년 때 초등 5~6학년 수·과학 내용을 술술 이해할 수 있을 정도로 머리를 타고났을 수 있고, 누군가는 5학년이 되어서도 5학년 수학을 간신히 이해할 수도 있다. 하지만 중요한 것은 그 아이가 수학 외에 분명히 잘하는 분야가 있다는 사실이다.

또 그 아이가 수학을 좀 더 수월하게 받아들일 수 있는 시기는 반드시 온다. 그때까지 손 놓고 기다리라는 게 아니라 공부를 이어가되, 당장 조급한 마음에 무리해서 진도를 나가려고 애쓰지 말라는 것이다. 대신 그 아이가 강점을 가지는 분야를 발견해 그 부분을 힘껏 키워줘야 한다. 수학 머리가 타고난 아이들이 미친 듯이 수학에서 앞서 달려 나가는 것처럼.

필자도 수학을 가르치는 사람이기에 혹시 내가 수학 능력만으로 아이를 판단하는 것은 아닐까 계속해서 돌아보게 된다. 이와 관련한 이야기를 잠깐 해볼까 한다.

올 2022학년도 수능이 '불수능'이라고 이야기하고, 영어조차도 어려웠다고 이야기하는 상황이었기에 재미 삼아 아이들에게 수능 문제를 풀어보게 했다. 놀랍게도 초등 5학년 여학생이 영어가 만점이었다. 국어는 시간이 좀 더 걸리기는 했지만 오답을 거의 찾아볼 수가 없었다. 이 학생은 늘 수학을 힘들어하고 이러다 수학에 지쳐버리는 것은 아닐까 걱정이었는데, 전체적인 학습 능력을 놓고 보니 기우였던 것이다.

아이의 어머니와 대화를 나눠보니 어렸을 때 여러 형태의 수학 공부를 시켜보았는데 '그저 재미있게 하는 정도'였고, 언어 쪽에서는 남다른 모습이 보였다고 한다. 책을 읽고 나서 이야기하는 것을 보면 내용을 정확하게 이해하는 것은 물론, 감상의 폭도 넓었다고 한다. 독서를 좋아하다 보니 영어책을 집어 드는 것에도 거리낌이 없었다고 한다. 영어유치원이나 기타 특별활동을 하지 않았는데도 스스로 궁금해서 영어책을 읽게 된 경우라서 두려움 없이 빠르게 받아들이는 것 같았다고 한다.

오랜 시간 다양한 활동에 아이를 노출시키면서 주의 깊게 관찰해보니 언어 쪽에 재능이 있어서 로드맵을 구성할 때 장점을 최대한 살리는 방향으로 정했다고 했다. 그 부분에서 박수를 보내지 않을 수 없었다. 그렇다고 수학을 완전히 놓지는 않고, 수학 머리가 트일 때를 대비해 현행과 한두 학기 정도 선행까지만 천천히 가는 것을 목표로 삼고 심화까지 꼼꼼히 하도록 시간을 배분했다고 한다. 그리고 아이가 언어와 사회 쪽 재능을 키우는 데 더 많은 시간을 투자했고, 이제 고학년이 되어 시간 분배를 재조정하는 중이라고 했다.

물론 이렇게 하기까지 마음속에서는 수없는 고뇌와 갈등이 있었다고 했다. 주변에는 초등 저학년 때부터 눈부신 선행 속도를 보이면서 수많은 성과(경시대회 수상, 유명 경시학원 입학 테스트 통과 등)를 내는 친구들이 있어서 '나중에 이 간극을 어떻게 메우지'라며 조급함도 들었다고 했다. 그래도 꿋꿋이 '누구나 자신의 때가 있다'고 생각하며 마음을 다잡았다고 한다. 지금 당장 뜻대로 되지 않는 것을 되게 만들겠다고 억지로 시간을 쓰면서 더 잘할 수 있는 것을 놓쳐버리는 우를 범하지 않으려 버티고 또 버틴 것이다.

맞다. 누구에게나 자신의 때가 있다. 지금은 겨우 초등학생 아닌가. 고등 입시까지 긴 안목으로 바라보았을 때, 그때 최상위권에서 어깨를 나란히 하려면 특정한 과목에서의 우수성만으로는 승부가 나지 않는다. 여러 과목이 고르게 우수하되, 특장점을 가진 과목이 있으면 더욱 유리하다. 그렇게 되려면 초등 저학년부터 고학년, 중등을 거치면서 장점을 극대화하고, 부족한 부분은 계속 메우면서 가면 된다. 현명하게 분산투자를 해야 한다는 이야기다. 매번 부족해 보이는 것에만 집중해서 스스럼없이 올인 또 올인을 외치는 것은 초등학생에게 올바른 학습 형태가 아니다.

표준로드맵은 그야말로 표준일 뿐이다. 다소 부족한 부분이 있어도 단기간 노력해서 메울 수 있는 정도라면 특정 시기를 활용하는 방법도 괜찮다. "하지만 SKY나 의치한에 가려면 적어도 초등 3학년 말에는 중등 수학을 시작해야 한다고 하던데, 우리 애는 초등 2학년인데 5학년 수학을 못 따라가요"라며, 당장 모든 것을 다 내려놓고 5학년 수학 문제집에 파묻히는 우를 범하지 않길 바란다.

이것만은 알고 로드맵을 구성하라

1) 초중고 수·과학 커리큘럼을 꿰고, 연관 단원끼리의 흐름도 알고 있어야 한다.

초중고 '수와 연산' 흐름도		

초3~4 분수와 소수	중1 자연수의 성질
	       정수와 유리수
		고1 복소수
		       허수와 그 연산
		       n제곱근의 이해

초5 약수와 배수	중2 유리수와 순환소수 수와 식의 계산	

초6   비와 비례
       비례식과 비례배분
	중3 실수와 그 연산
	       무리수와 제곱근	

그럼 이제 초등 고학년부터 고등까지의 수학 교과 구성을 설명할 수 있는지 셀프테스트를 해보자. 내 아이가 중2-1의 '일차함수와 일차방정식의 관계'에서 지지부진하다면 어떤 과정에서 문제가 있을까?

당연히 이와 연결된 중2-1의 일차방정식, 일차함수를 가장 먼저 떠올릴 수 있어야 하고 연립일차방정식도 생각해볼 수 있다. 또 중1-1의 좌표평면과 정비례에서의 개념도 의심해볼 수 있다. 아무리 대수식으로 접근이 빠르다 하더라도 좌표평면상에서 대수식이 어떤 위상을 가지는지, 어떻게 표현되는지를 제대로 이해하지 못했다면 일차방정식과 일차함수의 관계를 완전히 이해하기란 어렵다.

또 이 부분에서 문제가 생긴다면 중3-1의 이차함수와 일차함수의 관계 및 공통해의 x좌표가 가지는 의미 파악에서도 문제가 생길 것은 물론이거니와 나아가 고등 과정에서 고차함수, 지수함수 및 로그함수, 삼각함수의 관계 파악에서도 계속해서 문제가 불거질 수밖에 없다.

이렇게 예상되는 문제점을 빠르게 스캔하고 그 과정을 점검할 수 있어야 한다. 이게 여의치 않다면 지금부터 노력해야 한다. '나는 수학을 못 하니까 이런 건 수학 전문가에게 맡겨야지.' 이렇게 생각하고 포기하면 내 아이의 문제점에 대해 감 놔라 배 놔라 하는 누군가의 이야기에 끌려다니게 되고 막연한 불안감을 떨칠 수 없게 된다.

정말 열심히 이 과정들을 공부해야 하는 또 다른 이유가 있다. 선무당이 사람 잡는다고, 어설프게 아는 경우 때문이다. 아이에게 지금 꼭 필요한 것을 알려주어도 부모가 자신의 생각과 맞지 않는다며 계속해서 부정하는 경우가 종종 있다. 하물며 아이까지도 자신의 문제가 뭔지 부모보다 정확하게 인지하고 있는데도 부모의 인식과 처방을 계속해서 고집하며 아이를 맞지 않는 길로 꾸역꾸역 몰아가는 것은 정말 최악이다.

단순히 부모의 욕심 때문이 아니라 교과목 연계 커리큘럼에 대한 깊이 있는 이해가 부족하고 얕은 입시 지식 때문에 그런 일이 벌어지는 경우가 많다. 그러므로 수·과학 커리큘럼쯤은 반드시 꿰고 있어야 한다. 적어도 초등 수학부터 중·고등 수학까지 학년별, 학기별로 어떤 과정이 구성되어 있는지, 부록에서의 초중고 수학 교과과정 내용을 샅샅이 살펴보고 촘촘히 기억하자.

원대한 목표를 가진 아이로 키울 초등학생 학부모라면 응당 그래야 한다. 전공 분야가 아니어도, 이과 출신이 아니어도 누구나 할 수 있다. 아이가 제대로 공부하기를 바란다면 엄마 아빠부터 공부의 정확한 맥을 짚을 수 있어야 하지 않을까. 올바른 방향을 제시할 수 있는 학부모가 되려면 지금부터 그 표에 인덱스를 붙여놓고 시간 날 때마다 들여다보자.

커리큘럼만 봐서는 아직 감이 잘 오지 않을 것이다. 그렇다면 유튜브 채널 <ARUM Son> 채널에 접속하거나 필자의 오픈카톡방 <서울대 가는 대치동 초중공부법 @ 손T네 수학맛집>의 문을 두드리면 된다.

2) 영과고 로드맵과 일반고 로드맵의 차이를 이해하고, 변화하는 입시의 흐름에 항상 눈과 귀를 크게 열고 있어야 한다.

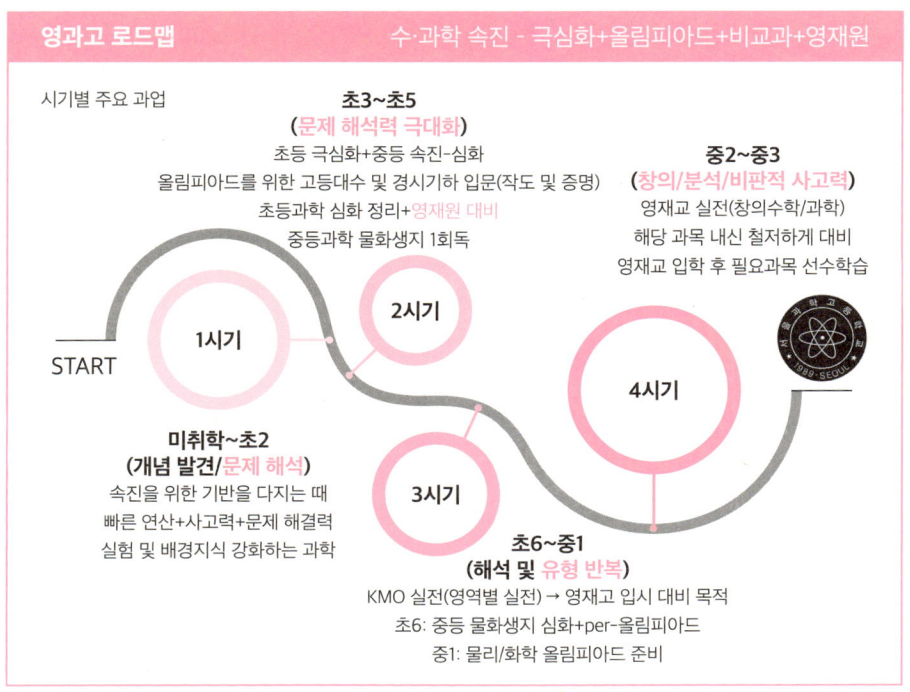

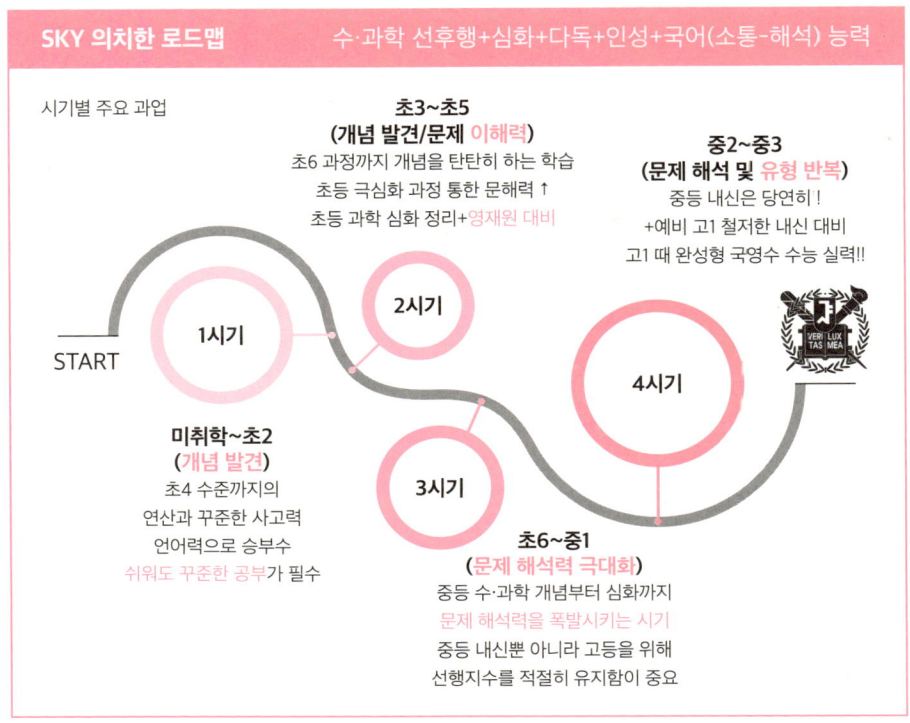

위 표는 영과고를 준비하는 아이들의 시기별 과업과, 일반고 최상위권을 목표로 하여 SKY와 같은 최상위권 의치한과 이공계열 진학을 노리는 아이들의 시기별 과업을 정리한 것이다. 시기별로 학습해야 하는 내용의 차이가 눈에 보이는가?

앞에서 이야기한 대로 목표에 따라 로드맵 구성도 천차만별로 달라지며, 시기별 과업에도 당연히 차이가 있다. 또 입시 변화에 따라 내 아이에 맞게 로드맵에 포함된 내용에도 세밀하게 변화를 주어야 한다. 이전 입시를 경험한 옆집 엄마 이야기에 마음이 들떠서 막무가내로 로드맵을 세우지 말고 제대로 된 정보를 근거로 계획을 세우자.

3) 유의미한 경험을 위해 적절한 도전과제 넣기(경시대회, 영재원, 탐구대회 등)

초등 때는 학교 시험도 크게 변별력이 없어서 내 아이의 수준을 제대로 가늠해볼 수 있는 잣대가 되지 못하는 게 현실이다. 그렇기에 시기별로 적절한 도전 과제를 넣어서 의미 있는 경험을 하게 해주는 것도 노하우다.

아이가 코딩을 좋아한다면 관련 대회를, 과학을 좋아한다면 각종 발명품 대회를, 어학 쪽에 재능이 있다면 역시 관련 대회를 준비해보는 것도 좋다. 다만 이것들이 평소 공부를 방해할 정도가 되어서는 안 된다. 평소 해오던 공부를 점검할 만한 적절한 대회를 선택하면 준비 과정에서 목표를 가지고 의욕적으로 도전해볼 수 있다는 장점도 있지만, 이것이 과해지면 주객이 전도되는 현상이 벌어진다.

어떤 학부모는 국내 대회에 만족하지 못하고 해외 대회로 눈길을 돌려 이를 준비하느라 평소 하던 공부를 짧게는 몇 주, 길게는 몇 달간 중단하다시피 하고 매달리기도 한다. 교과 공부도 한참 미진한데 모든 것을 중단하고 영재원 준비에 골몰하며 괴로워하는 아이들도 있다. 그것도 경험이라며 항변하지만 입시까지 가는 긴 여정에 과연 효율적인지 생각해보면 답은 금방 나온다.

내 아이의 발전을 위해 꼭 필요하다 싶은 이벤트는 미리 체크해서 긴 호흡으로 밑작업(필요한 교과 공부, 체험학습, 독서 등)을 해두는 것이 좋다. 이벤트 기간에 몰입해서 준비하는 기간까지 고려해서 장기적으로 로드맵을 짜야 한다. 그래야 이벤트 기간에 평소 학습 흐름이 느슨해지더라도 이후 금세 제자리로 돌아올 수 있고, 의미 있는 경험도 여유롭게 준비할 수 있다.

입시 흐름을 익히려면 계속 공부하라

 필자는 금융 쪽 지식이 전무했다. 특히 보험에 대해서는 더더욱 그랬다. 상품 종류가 너무 많아서 뭐가 뭔지 비교하기도 어렵고, 포트폴리오 구성이 어떻게 되어야 잘된 건지 전혀 몰랐다. 그러다 스무 살 남짓 되었을 때 '지금부터 연금을 붓기 시작하면 노후에 엄청난 돈으로 돌려받을 수 있다', '보험은 한 살이라도 어릴 때 가입하는 게 무조건 이익이다' 등의 주변 권유에 혹해서 애써 모은 과외비와 학원 월급 등을 탈탈 털어서 이것저것 보험에 가입했다.
 그런데 나이 마흔이 다 되어서야 이것들이 죄다 부실 상품인 걸 알고는 분노했다. 그런 상품을 가입시킨 사람들에게 1차로 분노했고, 그들이 죄다 이직해버려서 책임소재를 물을 수 없는 현실에 2차로 분노했다. 그리고 내 돈이 어떻게 흘러가고 있는 줄도 몰랐으면서 세상 똑똑한 척했던 미련한 자신에게 가장 크게 분노했다.
 이후로는 지금도 누가 보험을 권유하면 실눈을 뜨고 보게 된다. 다행히 좋은 재무 컨설턴트를 만나서 지금은 나름 안정적인 포트폴리오를 굴리고 있고 제대로 된 많은 정보를 얻은 덕에 금융 흐름을 보는 눈도 뜨게 되었다.
 이는 아마도 처음 입시를 대하는 학부모들과 별반 다르지 않을 것이다. 대입만 복잡한 것이 아니라 특목고나 초등 영재원 등 모든 입시가 복잡하다. 처음 들어서는 이게 도통 무슨 이야기인지 알 수가 없다. 입시는 매년 변하고 있고, 더욱이 요즘은 많아야 둘이고, 외동만 키우는 가정이 많아서 충분한 경험을 할 수가 없다. 그렇다 보니 제대로 알지도 못한 채 '이게 좋다더라'는 남의 이야기에 넘어가서 돈과 시간과 에너지를 낭비하는 일이 많다. 더 큰 문제는 잘못되었다는 것을 깨닫는 시점이 너무 늦다는 것이다.
 입시 흐름을 익히려면 끊임없이 공부해야 한다. 당장에 내 아이가 입시와는 무관한 초등 저학년이라고 해도, 그리고 영재원이나 특목 입시와는 관계가 없을 것 같아도 부지런히 영재원 입시부터 대입까지 정보에 밝아지려고 노력해야 한다. 입시 흐름을 읽을 수 있을 때 비로소 로드맵에도 생기가 돈다. 입시는 현실이다. 전문가의 도움도 내가 어느 정도 알고 있을 때 빛을 발하게 되는 법이다.

아는 것이 전혀 없는 상태에서 그때그때 전문가의 도움만 받아서 해결할 생각이라면 당장 그 생각을 바꾸기 바란다. 그러다가 만약 결과가 잘못되면 그때는 누구를 원망할 것인가? 필자가 보험에 대해 무지했다가 결국 훗날 혼자서 분노를 삭여야 했던 것처럼 그렇게 스스로를 탓할 것인가? 보험이야 해약하면 되고 금전적인 손해는 다시 메울 수 있지만 아이의 입시는 그럴 수 없지 않은가.

입시 전문가가 될 것처럼 학부모도 공부해야 한다. 내 아이가 초등 저학년일 때부터 입시 공부에 파고들어서 입시 흐름이 한눈에 보일 정도로 공부해야 한다. 그래야만 내 아이가 입시 최전선 시기를 맞닥뜨렸을 때 비로소 그 경험이 빛을 발하게 된다.

온라인 설명회를 적극 활용하라

입시 공부를 위해 시중에 나와 있는 여러 입시 책을 탐독하는 것도 좋지만 가장 좋은 방법은 각 분야의 전문가가 개최하는 설명회에 가서 실제 입시 사례를 살펴보고, 이와 같은 목표를 달성하려면 어떤 공부를 해야 하는지 들어보는 것이다. 설명회를 다녀보면 처음에는 많은 정보 때문에 헷갈리기도 하지만 차츰 익숙해지면 중심이 잡히기 시작한다. 서서히 핵심이 보이게 되는 것이다. 하지만 일하는 부모는 설명회 일정을 맞추기가 어렵다. 게다가 교육특구와 같은 지역이 아니라면 전문가가 개최하는 설명회에 참석하기도 쉽지 않다.

　코로나 상황이 길어지면서 온라인으로 진행하는 여러 교육 콘텐츠가 각광을 받고 있다. 아이들 교육뿐 아니라 성인 교육, 여러 취미활동에 이르기까지 다양한 콘텐츠를 쉽게 만날 수 있는 것이다. 교육 분야도 예외는 아니라서 각종 과목별 학습법부터 영재원 필승전략, 고교학점제에 대한 이해, 각종 비교과 대회 준비에 이르기까지 온라인 설명회가 점점 더 많아지고 있다. 사교육 업체뿐 아니라 각종 대학과 영재원에서도 온라인으로 설명회를 하는 경우가 많다. 따라서 시간과 장소에 구애하지 않고 관심만 있다면 좋은 정보를 쉽게 얻을 수 있다.

　이제 맘카페나 지식인에 그만 물어보고 온라인 입시설명회와 세미나를 부지런히 찾아보자. 단발성으로 영상을 잠시 오픈했다가 바로 닫는 곳도 있지만, 요즘은 녹화기술이 좋아져서 다른 일을 하면서도 온라인 설명회 내용을 그대로 녹화해서 볼 수도 있다.

　필자도 괜찮은 설명회가 있을 때는 태블릿을 켜놓고 녹화 버튼을 누른 뒤 강의나 상담을 하곤 한다. 그리고 일과 후에 녹화된 영상을 몇 번이나 반복해 보면서 중요한 내용을 캡처하거나 메모하면서 공부한다. 그렇게 몇 번 하다 보면 입시가 결코 어려운 내용이 아님을 알 수 있다. 단지 낯설어서 초반에 지레 포기하는 분들을 보면 안타깝다. "어차피 입시는 매년 바뀌고, 내 아이가 대학 갈 때쯤이면 또 바뀔 텐데 지금부터 꼭 알아둬야 해?"라고 말하는 분들에게 이렇게 묻고 싶다. "아이들에게는 낯선 내용이 나와도 어떻게든 이해하려고 노력해야 한다고 말씀하시죠?"라고.

　지금은 온라인으로 수많은 정보를 얻을 수 있으니 얼마나 좋은가. 예전에는 이런 정보를 얻으려고 지방에서 대치동까지 주말 설명회마다 기차표를 끊어 올라오는 분들도 허다했다. 이제는 스마트폰 하나만 있어도 이런 정보를 쉽게 저장해둘 수 있게 되었다. 코로나는 비극이지만 한편으로는 이렇게 정보 공유를 이끌어낸 긍정적인 면도 있다.

입시는 시행착오를 거치는 대상이 아니다. 한 번에 입시 성공에 이르려면 아이가 교과 공부를 할 때 학부모는 입시 공부를 해야 한다.

다음 표는 초등 저학년부터 중3까지의 로드맵 실전 예시다. 일반고 혹은 자사고에서 내신과 수능 최상위권을 달성하고, SKY 의치한이나 이공계열 진학을 목표로 한 로드맵임을 밝혀둔다. 이 목표를 달성하려면 중3 때까지 고등 수능 범위에 해당하는 국어, 수학, 과학의 주요 내용을 어떻게 잡아가야 할지 연 단위로 배치한 것이다.

이렇게 학년별로 주요 과업을 크게 잡아두고, 이에 맞는 연간 계획을 세부적으로 조정해나가야 한다. 이 중 가정에서 할 수 있는 범위는 어디까지인지, 학원의 도움을 받아야 하는 것은 무엇인지 명확하게 설정하는 작업이 뒤따라야 한다. 물론 영과고를 준비하는 경우나 문과계열 진학을 희망하는 경우는 입시를 위해 준비해야 하는 주요 과목과 수준이 다르기 때문에 목표에 따라 로드맵을 달리 구성해야 한다.

아울러 이와 같은 큰 그림이 그려졌다면 이를 달성하기 위한 연간 계획이 따라와야 한다. 그 안에는 이보다 더 세부적으로 분기별, 월별 계획을 상세히 세워야 한다. 또 경시대회, 토론대회, 과학탐구대회 등 우리 아이에게 충분히 의미 있을 만한 도전과제도 포함되어야 하며, 이를 준비하는 데 필요한 시간도 배분해야 한다.

로드맵 짜기 실전 예시

	7세	초1	초2	초3	초4
	\multicolumn{5}{c|}{일반고 / 자사고 내신 & 수능 최상위권 ▶ SKY 의치한 + 이공계열 목표 언어 / 수리 / 과학 커리큘럼}				

일반고 / 자사고 내신 & 수능 최상위권
▶ SKY 의치한 + 이공계열 목표

언어 / 수리 / 과학 커리큘럼

7세	초1	초2	초3	초4
				중1 연산 익숙하게 연습 교과 6학년까지 심화 완성 사고력 수학(3% 1과정) 수학 도서 강독
			5-6학년 교과수준 연산 교과 4-5학년 심화 사고력 수학(팩토LV.5-6) 수학 도서 강독	
		4-5학년 교과수준 연산 교과 3-4학년 심화 사고력 수학(팩토LV.3-4)		초등 과학 심화 (교과 외 사고력 망라) 과학 도서 강독
	3-4학년 교과수준 연산 (소마셈) 사고력 수학(팩토LV.1-2)		초등 과학 정리 과학 도서 강독	
1-2학년 교과수준 연산 (소마셈) 사고력 수학(키즈팩토)		실험 과학 과학관 등 체험 많이 하기 과학 도서 강독		어휘/독해 매일과제 수준 늘여서 진행 시사원정대 읽기
	실험 과학 과학관 등 체험 많이 하기		어휘/독해 매일과제 분량 늘려서 진행 시사원정대 읽기	
		초등논술/사고력 국어 매일과제로 어휘/독해 문제집 꾸준히		
	초등논술/사고력 국어 매일과제로 어휘/독해 문제집 꾸준히			
국어 읽고 쓰기 연습 독서 통한 어휘 훈련				

초5	초6	중1	중2	중3
				고등 수학 미적분 중등 심화(내신) 고등대비 수(상·하) 극심화
			고등 수 I, II 심화 중등 심화(내신)	
		고등 수(상·하) 심화 고등 수 I,II 기본 응용 확률과 통계		
	중등 교과 극심화(준경시) 고등 수(상·하) 기본 응용 기하 작도 및 증명		물1, 화1 심화	
중2,3 연산 완성 중등 개념+유형 문제 익숙해지도록 연습		통합 과학 물1, 화1 정리		
	중등 물화 심화 반복 (하이탑 문제 편)			
중등 과학 전 과정 정리 (물화생지)				
	유레카 등 인문교양 잡지 읽기 중·고등 교과에 수록된 문학작품 꾸준히 읽기			
유레카 등 인문교양 잡지 읽기				

여기에서 주의할 게 있다. 모든 계획은 항상 생각했던 대로 흘러가지만은 않는다는 것이다. 양보 없이 설정한 로드맵에 무조건 아이를 끼워 맞출 것이 아니라 아이를 세밀하게 관찰한 결과에 따라 학습 분량과 속도를 가감할 수 있어야 한다. 방학과 같은 덩어리 시간을 잘 활용하는 것도 기술이다. 그리고 무엇보다 '학'보다는 '습'에 충분한 시간을 확보해야 한다.

많은 입시 공부도 중요하지만, 이런 로드맵을 짤 때는 되도록 아이와 함께하는 것이 좋다. 아이가 자신의 목표를 자연스럽게 생각해볼 수 있을뿐더러 지금은 어린아이지만 원대한 목표를 가지고 앞으로 하나씩 이뤄나갈 계획을 세우는 것이 엄청나게 큰 동기부여가 될 수 있다. 그러니 로드맵을 만들고 피드백하는 모든 과정을 아이와 함께하기를 적극 추천한다.

9부

나는 내 아이의 준비된 맞춤 강사다

09

초등생에게 꼭 필요한 엄마표 학습지도

요즘은 학습을 시작하는 시기가 참 빨라졌다. 유치원에 들어가기 전부터 각종 학습지, 교구 수업 등을 하는 경우도 많고, 빠른 아이들은 수학, 외국어뿐 아니라 각종 예체능까지 섭렵하고 있다. 부모님의 어린 시절을 생각하면서 아이들을 바라보면 적응하기가 쉽지 않다. 이렇듯 학습을 접하는 시기가 당겨지다 보니 초등 저학년 때는 이미 고학년 교과를, 초등 고학년 때는 이미 중등 이상의 내용을 접하는 아이들이 많아졌다.

왜 이런 선행의 흐름이 생겼는지 생각해보면 다분히 실제 입시와 연관이 있다. 현재 입시에서는 교과 중심만으로는 달성하기 어려운 수준의 것이 분명히 존재한다. 교육과정 안에서 변별력을 확보하려다 보면 아무래도 다양한 개념을 복합적으로 연계해서 복잡하고 어려운 문제를 만들어야 한다. 이런 문제들을 정해진 시간 안에 해결하려면 평소 이런 문제를 많이 접해야 하고, 더 나은 결과를 위해 입시 범위에 해당하는 부분을 더 빨리, 더 완벽하게 다져놓으려 하는 흐름이 생긴 것이다.

입시에서는 상대평가가 중요하기에 상대평가 1등급 비율을 맞추려고 일부 문항을 초고난도로 출제하는 것이 사실이다. 그런데 보통의 학생들이 정규 교과 과정만으로 이를 해결할 역량을 키울 수 있을까? 사실상 불가능하다. 이미 초등 저학년 때부터 입시까지의 긴 흐름에 대비하여 단단히 벼르고 공부 역량을 키워 온 아이들은 초등 고학년 때 이미 어지간한 중등 상위권 이상의 학습 역량을 뽐내는 경우가 많다. 이를 어떻게 따라갈 것인가? 날아가는 비행기를 택시 타고 따라간들 무슨 수로 잡겠는가.

그래서 초등 저학년 때부터 부모의 역할이 중요하다. 초등학생이라고 해서 여유 있다고 생각하면 오산이다. 학습 경험이 빨라진 만큼, 아이들은 속도를 내어 그다음 내용을 받아들이게 되는데, 그 과정에서 여유롭게 뒷짐 지고 있다가는 잘못된 개념과 습관이 심어져 돌이킬 수 없게 된다. 이런 능력도 어릴 때부터 학습 습관을 바로잡아야 하나씩 갖춰나갈 수 있다. 그러려면 엄마표 학습지도가 절실하다.

초등 저학년이라고 우습게 볼 일이 아니다. 이때부터가 시작이다. 내 아이의 학습 로드맵 구성부터 시기별로 어떻게 도움을 주어야 할지 준비해야 한다. 입시에서 성공하는 아이로 키우기 위해 엄마는 철저한 전략가이자 조력자여야 한다. 때로는 내 아이만의 맞춤 강사여야 한다. 물론 쉬운 일은 아니지만, 이렇게 하지 않으면 나중이 더 어려워진다. 서둘러 준비하고 남들보다 빠르게 하나씩 실행해야만 후일이 아름다울 수 있다.

'무조건 학원'도, '무조건 엄마'도 답은 아니다

　엄마표 학습에 대해 이야기하다 보면 '이건 도저히 내가 할 수 있는 영역이 아니다'라며 각종 사교육에 온전히 의존하려 하고, 이와 반대로 자신감에 불타서 '내 아이의 교육은 내가 책임진다'며 오롯이 아이의 전 과목 교육을 엄마가 담당하는 경우도 본다. 둘 다 장단점이 있겠지만 둘 다 좋은 방법은 아니다. 왜냐하면 사교육으로 도배를 한다고 해도 후속 관리가 핵심인데, 그 과정은 학원에서 책임질 수 있는 성질이 아니기 때문이다.

　어떻게 배우고 익히는 그 모든 시간을 학원에서 보낼 수 있단 말인가. 학원은 배우는 시간이 대부분이고, 내용을 완전히 소화하는 것은 가정에서 해야 할 일이다. 때로는 그런 것조차도 과제와 학습을 관리해주는 선생님을 추가로 붙이면 된다고 하는 분들도 있다. 그러나 선생님의 판단이 부모가 직접 아이를 관찰해서 판단한 것과 똑같을 수는 없다. 아이를 면밀히 관찰하고 파악한 내용을 바탕으로 로드맵을 구성하고 관리해야 하는데 어떻게 남의 이야기만 듣고 결정할 수 있을까.

　사교육에만 의존하고 아이들의 공부를 세세하게 들여다보지 않은 학부모들은 몇 마디만 나눠봐도 티가 난다. 아이가 어떤 문제집으로 무슨 공부를 했는지, 유독 어려워했던 영역은 무엇인지, 채점은 직접 해주는지 등 몇 가지 질문을 던져보면 바로 알 수 있다. 이렇게 학습을 이어왔던 초등 고학년, 중학생의 학부모들이 상담하러 올 때는 유독 긴장된다. 무엇부터 바로잡아줘야 할지, 그 기나긴 상담의 무게가 예상되기 때문이다. 아직은 초등학생이니 백퍼센트 엄마표 학습으로 일구어보겠다고 꿈꾸는 어머님들께도 한마디 하고 싶다.

　"엄마는 에너지를 비축할 필요가 있습니다!"

　예체능을 제외한 모든 교과 공부를 엄마표로 진행한다면 '아이도 엄마도 지쳐버리는 일'이 될 확률이 높다. 교육이라는 것은 굉장히 높은 수준의 에너지를 소모하는 일이다. 가르치고 이해시키고 충분히 소화하기까지 전부 엄마가 감당하려 한다면 아이보다 엄마가 먼저 뒤로 넘어갈 수 있다. 아무리 아이를 사랑한다고 해도 엄마의 에너지는 무한대가 아니다.

아이의 학습 역량이 제각각이듯, 내 아이 학습 조력자로서 엄마의 기량도 제각각이다. 최고의 컨디션으로 아이를 도와줄 수 있는 정도가 어느 선인지 생각해야 한다. 어느 정도는 사교육 기관에 넘기고, '배운 것을 제대로 익히게 하는 후속 관리'에 엄마의 역량을 집중하는 것이 훨씬 효과적이다.

엄마가 지치지 않아야 끝까지 아이와 발맞춰 입시 성공까지 함께 달려갈 수 있다. 엄마가 일찍부터 지쳐버리면 아이 교육에 지속성이나 일관성을 기대하기 어려워진다.

엄마표 학습 성공하려면 엄마부터 준비되어야 한다

"어? 이건 연립일차방정식인데 어떻게 풀었지?"

초등학교 5학년 과정을 배우는 초등 3학년 아이의 과제를 점검하다가 이상한 풀이 과정이 눈에 들어왔다. 아이한테 어떻게 풀었냐고 물어보니 본인도 모른단다. 엄마가 이렇게 풀라고 했다면서 방법을 알려주긴 했는데 왜 이렇게 되는지는 모르겠다고 했다. 방식을 이해했다면야 크게 문제 될 것이 없지만 왜 그렇게 되는지 모르는 까막눈 수준인데 오로지 '답'만 낼 수 있도록 스킬만 가르쳐놓은 것이다.

분수 응용 문제를 혼자만 풀어왔기에 발표를 시켜보니 "저 사실 이걸 풀긴 했는데 기억이 잘 안 나요. 엄마가 힌트를 줘서 한 건데 까먹었어요"라고 대답했다. 노트를 살펴보니 부분분수의 분리를 가르쳐서 (거의 암기해서) 답만 낼 수 있도록 다리를 놔준 경우였다. 원리를 모르니 일회성으로 그 문제 '만' 맞히게 한 경우라 할 수 있겠다. 그야말로 과제 채우기 목적으로 말이다. 의외로 이런 경우가 허다하다. 이분들도 애초부터 그렇게 막무가내로 가르치려는 마음은 아니었을 것이다. 어쩌다가 이렇게 된 걸까?

저녁 먹고 났더니 아이 표정이 안 좋다. 내일 갈 학원 가방을 열어봤더니 세상에나, 과제 페이지가 아주 하얗고 말끔하다. 이렇게 당장 해결해야 할 과제가 눈앞에 쌓여 있는데 여태까지 이걸 미뤄놓고 빈둥빈둥 시간을 보낸 저 녀석은 정말 아무 생각이 없는 듯하다. 두 팔 걷어붙이고 과제 좀 해보자고 했더니 저걸 언제 다 하냐며 그 양에 압도되어버린 아이는 징징거리면서 뒤로 물러선다.

그래서 설명 좀 도와주려 하는데, 초등 수학이라 쉽다고 생각했던 것이 오산이었을까. 문제 수준이 생각보다 높다. 어떻게 설명해야 할지 막막해진다. 어떻게든 풀면야 답은 낼 수 있지만 이걸 초등 눈높이에 맞춰서 어디부터 어떻게 설명해야 할지 도저히 감이 잡히질 않는다. 이 문제를 내가 아는 방식들로 설명해도 아이가 이해할 수 있는 것인지, 진짜 괜찮은 것인지는 더더욱 모르겠다.

결국 예전 기억 소환해서 '이 문제는 이렇게 풀면 되지!'라며 어찌어찌 답까지는 구했는데, 그때 바라본 아이의 얼굴에서 그대로 읽히는 것은 이해가 안 된 것이 분명한 텅 빈 눈빛. 여기에서 멈출 수 없으니 어떻게든 이 방식을 이해시키고야 말겠다는 다짐으로 다시 똑같은 방법으로 설명을 하고 또 해본다. 그게 내 아이의 교과 수준에서 받아들일 수 있는 것인지 아닌지는 모르지만 계속 반복하다 보니 어느새 애도 뭔가 이해를 하는 것 같기도 하다. 그런데 그렇게 마음 편히 믿을 수가 없는 것이, 며칠 지나지 않아 다시 체크해보면 또 새까맣게 잊어버리기 일쑤다.

이렇게 가르치는 게 맞는 걸까? 내 방식이 잘못된 것은 아닐까? 내가 전문가가 아니라서 혹시 아이한테 잘못된 사고방식을 주입하는 것은 아닐까? 수학 공부는 중요하다던데, 내가 지금 아이 교육에 중대한 실수를 하고 있는 걸까?

아마 이 이야기를 들으면서 '어, 내 얘기 아니야?' 하는 분이 많을 것이다. 요즘 초등 수학 문제가 어렵기도 하지만 초등 아이들에게 어떻게 교육해야 할지 난감해하는 부모님도 많다. 그렇다고 누군가에게 맡겨놓고 할 일 다 했다고 뒤로 물러서 있을 수는 없다.

거듭 이야기하지만 초등학생이기에 내 아이가 배우고 익히는 과정을 모두 지켜봐야 그에 맞는 다음 과정을 준비할 수 있다. 옆에 바짝 붙어서 지켜보다가 필요하다면 적시에 개입해서 최대한 단단하게 다질 수 있도록 해주어야 한다. 그러려면 무엇이 필요할까? 당연히 **부모가 준비된 강사로 아이 앞에 서야 한다.** 초등 교과라고 해서 만만한 건 하나도 없다. 아이가 어떤 과정을 하기에 앞서 당연히 미리 훑어보고 어떤 부분이 핵심인지 파악해야 아이에게 올바른 가이드를 해줄 수 있다.

앞서 로드맵에 대해 이야기할 때, 초등 교과에는 어떤 단원이 있는지, 어떻게 연계되어 중·고등 교과까지 연결되는지 파악하고 있어야 한다고 강조했다. 또 개념 학습이나 문제 풀이를 직접 가르칠 생각이라면 본인의 지식 수준에 아이를 끼워 맞출 것이 아니라 아이의 눈높이를 고려하여 지도해야 한다. 문제집 속 문제를 대강 살펴보고 '이 정도면 충분히 지도해볼 만하네'라고 속단해서는 안 된다. 모범답안을 살펴보고 동영상 강의도 찾아보면서 그 과정에서 가장 적합한 풀이를 고민해야 한다.

참을 인 자를 새기고 또 새겨라

'내가 내 아이의 가장 좋은 선생님이 되겠어!'

굳게 마음을 먹고 아이를 지도하려다가 작심삼일이 되어버리는 이유는 부글부글 끓어오르는 화를 참을 수 없어서다. 정말 참고 참아가면서 지도해보지만 눈에 보이는 건 허점투성이에 느려터진 속도. 아무리 목소리를 가다듬고 설명해주고 다시 문제 읽어보라고 해도 아이는 생각이라는 걸 하고 문제를 푸는 건지 알 수가 없다. 그래서 쉽게 아이에게 버럭 하게 되고, 아이는 주눅 들게 되고, 그런 아이를 보고 있으면 또 답답하고 화가 난다면서 성토한다.

그런 부모님들에게 이렇게 말한다.

"○○는 아직 초등학생이고 부모님은 성인이잖아요. ○○의 나이에 저런 거 해보셨어요? 안 해보셨죠? ○○가 저 문제를 해결하는 데 얼마나 많은 생각을 해야 하는지 짐작이 되세요? 인생 경험 고작 몇 년 되지도 않은 애가 어떻게 산전수전 다 겪고 문제해결력 만렙인 부모님의 속도를 따라가나요. 못 따라가는 게 정상이죠. 아이가 고민하는 데 걸리는 시간을 참아주셔야 해요."

학원 강사는 학생이 이해를 못 하거나 속도가 느려도 수많은 비슷한 사례를 봐왔기 때문에 이런 과정을 당연하게 여긴다. 잠깐의 망설임에 조바심을 내는 게 아니라 "그래 그럴 수 있어. 조금 더 해보자. 더 해보고도 안 되면 좀 더 쉬운 걸로 해보자. 그래도 안 되면 내일 해보자." 이렇게 접근해야 한다.

아무리 답답해도 내 답답함을 풀려고 아이를 잡아서는 안 된다. 아이가 막힌 부분이 어디인지를 고민해야 하는데, 학습 고민은 뒷전이고 당장에 본인의 답답함과 짜증을 아이한테 표출하면 아이는 부모님과 공부하는 것을 피하게 된다. 끝까지 옆에 붙어서 아이를 관찰해보자. 참을 인 자를 백번은 새기고 또 새겨야 한다. 그리고 하루를 마무리하며 자신을 칭찬해주자. '오늘도 잘 참았다!'고.

초등생한테 어른이 쓰는 용어를 써가면서 설명하면 머릿속에 잘 들어가지 않는다. 재미 요소를 섞어 아이 취향에 맞게 설명하고, 목소리도 '솔' 정도의 톤으로 높여서 말해주는 것이 좋다. 대치동 초등 강사들은 수업 준비할 때 보이고 들리는 것에 매우 신경 쓴다. 잘하는 강사들은 강의에 기승전결이 있어서 아이들에게 재밌다는 평가를 받는다. 강사도 다 참을 인 자를 오만 번씩 새겨가면서 하는 것이다. 아이가 바뀌는 게 아니라 가르치는 사람이 달라지고, 배움을 경험하는 환경이 달라지니 아이가 재밌게 받아들이는 것이다.

기껏 고르고 골라서 학원에 보냈는데 아이가 말귀를 못 알아듣는다고 선생님이 버럭버럭 화를 낸다면 부모 마음은 어떨까? 충분히 혼날 만한 이유가 있어서 엄하게 지도했는데, 학원에 전화해서 "우리 아이가 유난스러운 건 알겠지만 애들 앞에서는 혼내지 말아주세요. 자존감이 걸린 일이에요"라고 컴플레인을 하는 학부모들이 알고 보면 집에서 아이를 쥐 잡듯이 잡는 경우가 많다. 일단 집에서부터 아이 기를 살려주자. 특히 엄마표 학습을 택했다면 더욱 그래야 한다. 매일매일 참을 인 자를 새기자.

제일 가르치기 어려운 초등 수학

초등 아이 가르치기를 만만하게 생각하는 분들이 의외로 많다. 많은 학부모가 고학력이기도 하지만, 초등 교과 내용이라는 것이 교과 과정 목차만 봐서는 그다지 어려울 게 없다는 생각이 들게끔 구성되어 있는 까닭이기도 하다.

특히 초등 수학이 그렇다. 목차만 볼 것이 아니라 문제를 꼭 봐야 한다. 개념을 아는 것과 문제를 잘 푸는 것은 다른 이야기다. 개념을 잘 알면 문제가 그냥 술술 풀린다는 것은 단순한 개념 확인 문제 정도 수준에서의 이야기다.

초등 3학년 교과 문제집만 보더라도 '이제 막 분수를 배웠는데 이런 문제를 푼다고?' 싶은 문제가 수두룩하다. 이런 문제는 나중에 풀어도 되니까 그냥 진도만 나간다는 건 향후 입시에서 생길 변별력을 고려하지 않고 목표 없이 그냥 내달리는 것과 같다.

개념을 학습했다면 그 개념을 문제에 적용하는 연습이 차분하게 따라주어야 한다. 그래서 아이가 학습하고 배우는 과정에서 순간순간 얼마나 이해도가 높아지고 있는지, 문제를 해석하고 개념을 적용하는 기술이 얼마나 정밀해지고 있는지 올바르게 바라보려면 엄마의 공부 정도가 높은 수준에 도달해 있어야 한다. 엄마가 공부해야 한다. 그래야 아이가 따라온다.

학습 약점 발견하려면 후행 진도에 관심을

학습 상담을 하다 보면 '구멍'이라는 표현을 자주 쓰게 된다. 보통 완벽하게 다져지지 않은 부분을 구멍이라고 생각하는데, 학습에서 말하는 구멍은 '잘 모르는 것'을 의미한다.

요즘은 선행 속도가 빠른 아이들이 많다 보니 속도감에 밀려 어느 정도 그런 구멍쯤은 당연하다고 믿는 것인지, 의외로 학습 구멍에 관대한 학부모가 많다. 실제 개념 이해도는 좋은데 문제 풀이를 충분히 하지 못해서 그런 경우라면 위험도가 덜하지만, 개념 이해도가 떨어지는 경우라면 향후 이어지는 과정에서 더 큰 약점을 불러일으키게 된다. 그런데도 선행을 고집하는 학부모를 보면 진심으로 말리고 싶다. 도대체 무얼 위한 선행인지 알 수가 없다.

현행이나 선행보다 중요한 건 약점을 찾아내서 그것을 메우기 위한 전략을 잘 짜고 실행하는 것이다. 아이의 학습 약점의 근원을 알려면 현재의 과정만 볼 것이 아니라 이전 학습 내용, 즉 후행 과정을 되짚어볼 필요가 있다.

분명 충분한 시간을 두고 지금 과정을 공들여 보고 있는데도 문제를 풀 때 계속해서 같은 패턴의 오류가 반복된다면 분명 이전 연계 과정에서 구멍이 있을 가능성이 높다. 이런 과정을 그때그때 바로 메울 수 있다면 가장 좋겠지만, 사실 그러기가 쉽지 않다. 매일 해야 하는 일과가 있는데 새로운 과정을 추가하기에는 시간적인 여유가 너무 없기 때문이다. 그래서 이런 부분을 차곡차곡 정리해두었다가 짧게는 학교 안 가는 날에, 길게는 방학과 같은 덩어리 시간이 생겼을 때 하나씩 격파해나가야 한다.

이렇게 하나씩 빠르게 구멍을 메우는 것을 저학년 때부터 습관화해야 한다. 그러면 아이가 현재 하는 과정과 병행해서 얼마든지 구멍도 탄탄히 메울 수 있다. 고학년이 되고 나서 이미 학습한 내용이 많아져버리면 그와 비례해서 여기저기 산발적으로 생긴 구멍을 메우는 것 자체가 너무 큰 부담이 된다. 심한 경우에는 하고 있는 과정을 전부 중단하고 처음부터 다시 기초를 다져야 하는 경우도 있다. 그러므로 반드시 다음의 3단계를 실행하자.

(1) 평소에 하고 있는 과정을 지켜보면서 어디가 약점인지, 어떤 부분에서 구멍이 생긴 건지 체크한다.
(2) 그 내용을 꼼꼼히 메우기 위한 자료를 미리미리 준비한다.
(3) 크고 작은 덩어리 시간이 생겼을 때 그것들을 하나씩 격파한다.

메타인지력을 키우는 엄마표 학습 세 가지

대치동에서 오랫동안 아이들을 가르치다 보니 '아, 내가 너무 눈이 높아졌구나' 싶을 때가 많다. 탁월한 수학적 감각을 장착하고 태어나서 놀라운 습득력을 뽐내는 아이들을 보는 것도 놀라운 일이지만 무엇보다 '헉' 소리가 나는 건 메타인지[2]력이 유달리 발달한 아이들을 볼 때다.

아직 초등생임을 고려해볼 때, 전자는 어느 정도 타고난 DNA가 지배적이라고 한다면 후자는 철저히 훈련으로 획득된다고 할 수 있다. 그 능력이 초등 때부터 발현되는 것을 보면 도대체 어릴 때부터 어떤 교육을 받았을까 궁금증이 피어오른다. 왜냐하면 정말 공부를 잘한다고 느꼈던 아이들, 지금은 다소 느리더라도 분명히 크게 성장하겠다고 생각했던 아이들에게서 느꼈던 것이 바로 강한 메타인지력이었기 때문이다. 그런 아이들에게는 두 가지 공통점이 있었다.

첫째는 본인의 시험 점수를 기가 막히게 잘 맞힌다는 것이다. 뭘 알고 풀었고, 어떤 문제의 어느 부분에서 막혔는지 정확히 안다. 둘째는 설명에 강하다는 것이다. 본인이 어떤 과정을 거쳐서 그 생각에 도달했는 설명하는 데 주저함이 없다. 자신의 생각보다 더 좋은 아이디어를 제시하면 쏙쏙 빨아들이는 능력도 탁월하다.

얼마든지 후천적으로 키울 수 있는 능력이고, 꾸준한 노력으로 충분히 계발할 수 있는 영역이다. 메타인지력을 활성화할 수 있는, 누구나 쉽게 시도할 수 있는 방법을 세 가지 알려 드리려고 한다. 확실한 방법이니 오랜 기간을 두고 꾸준히 실행하기를 권한다.

---

2. **메타인지**: 자신의 인지 과정에 대해 관찰·발견·통제·판단하는 정신 작용이며, 인식에 대한 인식, 생각에 대한 생각, 다른 사람의 의식에 대해 의식, 그리고 고차원의 생각하는 기술(higher-order thinking skills)을 말한다.

1) 하브루타(Havruta)

하브루타는 친구를 의미하는 히브리어 '하베르'에서 유래한 용어다. 학생들끼리 짝을 이루어 서로 질문을 주고받으며 논쟁하는 유대인의 전통적인 토론 교육 방법이다. 유대교 경전 『탈무드』를 공부할 때 주로 사용되었으며, 나이와 성별, 계급에 차이를 두지 않고 두 명씩 짝을 지어 공부하며 논쟁을 통해 진리를 찾아가는 방식이다.

이 방법을 우리 아이들의 학습에 적용해보자. 자신의 문제 해결 방법을 설명할 수 있어야 하고, 설명하려면 자신의 풀이를 정확하게 이해하는 것을 전제로 하기에 메타인지력을 높이는 좋은 방법이 된다. 또 자신의 방법과 타인의 방법을 비교해가면서 더 좋은 방법을 흡수하는 기회가 된다. 이때 부모가 해야 할 일은 아이의 풀이가 다소 돌아간다거나 효율성이 떨어지는 방법을 이야기하더라도 충분히 기다려주어야 한다는 것이다. 그리고 그 가운데 적절한 질의를 던져가면서 아이 스스로 최적의 과정을 찾아가게 해주어야 한다.

단순히 문제 풀이뿐 아니라 개념을 증명하는 과정을 설명하는 데 있어서도 하브루타는 매우 좋은 방법이다. 개념을 설명하려고 머릿속에서 부지런히 개념 지도를 그리는 과정을 반복하기 때문에 더욱 선명하게 개념을 인지하게 된다. 이 과정에서 부모는 아이의 설명 과정을 경청하고, 좀 더 깊이 있는 생각을 이끌어낼 수 있도록 적절한 질문을 제시할 수 있어야 한다.

2) 백지 테스트

초등 아이들은 대부분 글보다 말로 설명하는 것을 편하게 느낀다. 하지만 어느 정도 말로 설명하는 게 편해진 다음에는 스스로 자신의 생각 과정을 써 내려가면서 점검하는 과정이 필요하다. 단순 문제 풀이뿐 아니라 개념 학습에 있어서도 스스로 전체 내용의 구조를 잡고, 그중 가장 핵심 내용을 추려낼 수 있도록 써보는 연습은 매우 중요하다. 그래서 필자가 개발한 것이 '백지 테스트'다.

판서된 내용을 영혼 없이 노트에 빼곡히 베껴내는 데 집중해봤자 그건 유물로 남을 뿐 정작 머릿속에 의미 있게 새겨지지는 않는다. 그리고 그렇게 희미하게 남은 머릿속 개념에 근거해서 문제를 풀어보려 한들 성취도는 미미하다.

백지 테스트의 효과는 매우 크고 강력하다. 수학이건 과학이건 영어건, 그 어떤 과목에서도 가장 효과적인 개념 학습 방법이다. 필자가 수많은 아이를 지도하며 가장 큰 효과를 보았던 방법이기에 정말 적극! 적극 권하는 바이다. 많은 학부모가 이를 알고 꾸준히 하기를 간절히 바란다.

방법은 간단하다. 말 그대로 백지를 주고 자신이 학습한 개념에 대해 각종 예시를 들어가며, 필요하다면 여러 증명 과정을 보여가면서 정리하게 하는 것이다. 백지 테스트를 처음 보는 아이들은 도대체 어디서부터 어디까지 뭘 써야 하는지 감이 없기 때문에 필기한 내용을 통으로 외워서 써보려고 한다. 그런데 양이 방대할수록 그냥 외워서는 답이 안 나온다는 것을 깨닫게 된다. 무엇이 메인이고, 거기에서 어떤 경로를 통해 다음 개념이 파생되는지 하나씩 뜯어보게 되고, 그렇게 전체적인 구조도를 완성하고 나서 하나씩 살을 붙여가며 온전한 개념 체계를 완성하게 된다.

이런 훈련을 반복하게 되면 어떤 효과가 생길까? 더는 통으로 무언가를 외워서 해결하려는 게 아니라 흐름과 핵심을 완전히 잡는 학습 태도가 갖춰지게 된다. 이것이 거듭될수록 개념 간의 연계성을 생각하는 태도가 만들어지고, 이것이 익숙해지면 자연스럽게 문제 해결에 있어서 필요한 개념을 인출하는 속도가 놀랍게 빨라진다.

무엇보다 수업에 임하는 태도가 달라진다. 개념 설명에 집중하게 되는 것이다. 무엇이 핵심이고 중요한 부분인지 설명하는 즉시 잘 받아들여야만 백지 테스트를 잘 볼 수 있기 때문에 생생한 눈빛으로 선생님의 설명에 집중하게 된다.

어떤 과목이라도 기본 학습 후에 백지 테스트를 생활화한다면 메타인지력의 급성장과 함께 올바른 수업 집중 태도까지 노릴 수 있으니 당장 시작해보자.

3) 오답 노트 관리

마지막은 오답 노트 관리다. 오답에는 분명히 이유가 있다. 그 이유를 알아야 성장할 수 있다. 이유도 모르고 동그라미 개수를 늘리는 데 집착해서, 혹은 책 한 권을 다 마치는 데 집중해서 시간을 보내면 결국 실력은 제자리걸음인 경우가 대부분이다. 문제집을 푸는 이유가 오답을 찾아내기 위해서라고 해도 과언이 아니다. 어떤 부분에서 오답이 나오는지 알아야 하고, 그 오답이 완전히 해결되어 머릿속 지식으로 온전히 자리 잡힐 수 있도록 하는 것이 최우선 과제여야 한다.

물론 오답 중에는 아무리 다시 보고 또 보더라도 당장 이해하기 어려운 것도 있다. 그런 문제는 잘 정리해서 나중에 다시 봐야 한다. 문제집 한 권이 끝났을 때, 그 문제집 속 나만의 오답 노트가 만들어져야 함은 당연하다. 그것이 바로 단권화다. 학습해야 할 내용이 많아질수록 오답 노트는 빛을 발한다. 그중에서 자신의 오답만 따로 분류해서 반복적으로 집중 공략한다면 효과는 배가된다. 이는 이미 증명된 사실이다.

문제는 이런 습관이 입시생이 된다고 해서 갑자기 생기는 게 아니라는 점이다. 가끔 고등학생들이 안 하던 오답 노트를 만든다면서 이것저것 오려 붙이고 베껴 쓰다가 효율성이 떨어진다면서 포기하는 모습을 종종 본다. 발등에 불이 떨어진 시기이니 시행착오 겪는 시간 자체가 아까운 것이다. 그러니 매번 비슷한 성적대에서 벗어나지를 못한다. 성공하는 입시 뒤에는 성공하는 습관이 있다. 입시 성공까지 도달한 아이 뒤에는 올바른 습관이 자리 잡게 하려고 저학년부터 아이를 지도해온 올바른 엄마표 학습이 있었음을 기억하자.

아울러 오답 노트를 만든다고 할 때, 문제 한번 풀어본 것으로 오답 노트를 '완수'했다고 착각하는 경우가 있다. 오답 노트의 목적은 그 문제가 왜 그렇게 풀렸는지, 왜 그렇게 풀려야만 하는지에 대해서 논리적으로 완전히 이해하는 데 있다. 그러니 오답 노트를 만든다면 한번 푸는 것으로는 충분치 않다. 이해할 때까지 다시 풀고 또 풀어야 한다. 그게 오답 노트의 진짜 활용법이다. 기꺼이 오답을 받아들이고 왜 틀렸는지 궁금해하는 아이로 만들어야 한다.

10부

극상위권을 향한 학습 태도와 습관 관리

가성비 좋은 아이로 키워라

누가 봐도 '와, 저렇게 해야 공부 잘하는 거구나'라고 평가받는 아이, 입시에서 최고의 결과를 빚어내는 아이들은 기본적으로 수많은 지식을 받아들이고 내 것으로 완전히 체화할 수 있도록 학습 태도가 완비되어 있다. 필자는 그런 아이들을 이렇게 부른다.

'가성비가 뛰어난 아이'

공부뿐 아니라 그 어떤 것이라도 최고 위치에 도달하려면 그 분야에서 상위 레벨에 랭크되어야 한다. 그리고 가장 빠르게 적은 자원으로 그 레벨에 도달하려면 효율성을 높여야 한다. 입시도 마찬가지다. 누구에게나 같은 시간이 주어지고, 같은 공부를 해야 한다. 그중에서 최고 위치에 서는 아이들은 학습 기술, 시간 관리 기술이 극도로 고도화되어 있다. 이는 굉장히 높은 수준의 의지와 열망에서 비롯된다.

이런 큰 그릇으로 키우려면 초등 저학년 때부터 학습 경험을 기반으로 자신에게 맞는 학습 방식을 깨닫고 이를 발전시키려는 노력이 따라야 한다. 백날 돈 들여 아무리 좋은 강의에 넣어주어도 이 부분이 강화되지 않는다면 입시와 마주했을 때 한계에 부딪히고 만다.

요즘 입시는, 아무리 엄마의 정보력과 아빠의 경제력이 뒷받침된다고 한들, 그것만으로는 극상위권으로 뚫고 들어가기가 어렵다. 결국에는 아이가 높은 학습 의지와 고도화된 학습 습관, 시간 관리 기술로 중무장해야만 이를 전제로 모든 것이 힘을 발휘하게 된다. '그릇이 커야 많이 담을 수 있다'는 말이 식상할 수도 있지만, 사실 이만한 비유도 없다.

입시를 앞두고는 같은 시간 기를 쓰고 공부해도 결과가 남달라야 한다. 매번 죽을 듯이 공부하는데 눈에 보이는 결과가 없다면 그건 학습 태도가 의지만큼 따라주지 않는, 쉽게 이야기하자면 욕심은 부리지만 그 욕심을 받아낼 만큼의 그릇이 되지 않기 때문인 경우가 많다.

그릇은 미리미리 만드는 것이다. 그래서 초등 때부터 치밀하게 준비해야 한다. 공부 양을 늘리라는 게 아니라 잘 짜인 학습 전략을 말한다. 그러면서 시나브로 아이가 뛰어난 학습 역량을 갖도록, 큰 그릇이 되도록 만들어주는 큰 그림을 학부모가 그려야 한다.

중요한 입시를 앞두고 단기간 집중해서 준비하고 성공한다면, 그건 기적이다. 기적은 일어나기 힘들어서 기적이다. 그런 희박한 경우를 바라고 '우리 애도 어떻게 되겠지'라고 희망 회로를 돌리지 말자. 특목고 입시부터 대입까지는 초등 경시대회나 중등 내신이 아니다. 그나마도 결과 안 나오는 아이들이 대부분이다. 장기간 준비해서 잠재력을 터트리는 고입, 대입과 같은 것은 단기간에 승부를 볼 수 있는 대상이 절대 아니다. 큰 그릇을 만들기 위한 공부 머리를 길러야 한다. 우선 학습 태도를 바로잡자. 극상위로 진입할 수 있는 가성비는 이런 노력을 바탕으로 꽃을 피우게 된다.

암기는 촌스러운 공부가 아니다

"학력고사를 준비할 때, 이게 도대체 내 인생에 무슨 쓸모가 있냐며 어쩔 수 없이 죽어라 외웠던 내용들이 세상을 살아가면서 필요한 기본 상식이 되어 있더라고요."

얼마 전 유희열 씨가 진행하는 '다수의 수다'라는 TV 프로그램에서 게스트로 나온 수능 일타 강사들과 '암기'를 주제로 나눈 이야기 중에서 너무나 공감이 된 말이었다.

촌스럽다는 것은 상대적이어서 뭔가 더 좋아 보이는 것 옆에서는 속절없이 '낡음', '유행에 뒤떨어짐', 한마디로 '촌스러움'을 느낄 수밖에 없다. 일단 암기는 이름부터가 촌스럽다. 요즘 가장 핫한 초등 교육 키워드가 융·복합적 사고 능력, 창의적인 문제 해결 능력과 같은 것들이다 보니 그에 비해 단어 자체가 올드하고 무식하게 느껴지는 감이 없잖아 있다. 가장 중요한 기본기를 갖추게 해주는 근간이 암기인데도 학습에 암기가 결부되면 왜 수준이 떨어지는 기분이 드는 걸까.

창의력, 창의력 하니까 암기가 상당히 저급한 수준의 공부라고 생각하는데 그건 완전한 착각이다. 기본적인 지식, 정의에 대한 암기가 있어야 그걸 기반으로 창의력과 비판적 문제 해결력까지 기대할 수 있다.

우리가 입시에서 측정하려는 것들을 보면 분명히 암기가 기본이 되어야만 해석과 문제 해결력을 발휘할 수 있는 내용이 주를 이룬다. 그런데 어떻게 암기가 중요하지 않을 수 있을까.

블룸의 교육 목표 분류학(BLOOM's Taxonomy)

단계	영문 (한글)	설명
평가	Creation (창의)	학습한 내용을 토대로 새로운 정보를 창출해낸다.
종합	Evaluating (평가)	학습 행위, 즉 학습성취도를 평가해 점검한다.
분석	Analyzing (분석)	학습 내용을 완벽하게 이해하려고 분석 연구한다.
적용	Applying (적용, 수행)	배운 내용을 다른 유사한 상황이나 문제에 적용할 수 있다.
이해	Understanding (이해, 설명)	학습 내용 중 핵심과 개념을 설명할 수 있다.
지식	Remembering (암기, 기억)	학습 내용을 인지하고 기억한다.

위 표는 교육심리학자 벤저민 블룸의 교육 목표 분류학을 나타낸 것이다. 이 내용은 실제 교육 현장에서 수업 목표를 설정하는 데 있어서 기본 틀이 되는 체계다. 학생이 받아들인 지식을 어떻게 소화해야 하는지 가장 가치 있는 사고의 흐름을 보여준다.

위 표에서 볼 수 있듯이 가장 하위 단계는 바로 '지식의 기억'이다. 우리말로 '암기'라고 부를 수도 있겠다. 상위 단계인 분석, 평가와 창의융합으로 가기 위한 가장 첫 단계는 바로 지식의 기억(암기), 그리고 그로부터 비롯된 여러 지식 체계를 이해하고자 하는 노력이다. 고차원적 사고가 일어나기 위한 기초를 다지는 일은 너무나 당연하지 않은가.

정작 입시에서 평가하고자 하는 것은 암기에서 시작해서 최상위권 변별력을 평가할 수 있는 복잡한 해석 문제, 비판적 사고 능력을 측정하는 문제까지 고루 버무려져 있다. 암기 없이 최상위권 변별력 문제를 바로 정복하려는 것은 매우 위험한 발상이다. 기초적인 내용 암기도 습관이다. 고학년이 되어 스스로 무엇을 암기하고 무엇을 이해하는지 포커스를 제대로 맞춰가며 공부할 수 있으려면 기초 지식을 꾸준히 암기해야 한다.

입시에서는 빠른 문제 해결이 중요하기에 제아무리 모두 이해한 내용이라 하더라도 필요할 때 바로바로 출력되지 않는다면, 즉 수차례 반복하며 문제에 적용할 수 있을 정도로 외우다시피 내용을 숙지하지 않으면 문제를 해결하는 시간이 오래 걸릴 수밖에 없다.

필자는 아이들에게 수학 공식을 외우게 하는 강사는 아니라고 자부한다. 그렇다고 암기를 등한시하는 강사도 아니다. 아이들에게 늘 이렇게 이야기한다.

"중간 과정 쏙 빼놓고 공식만 외우려고 하지 마라. 최악이다. 이 공식이 어디에서 튀어나온 건지 그걸 파고들어라. 필요하다면 계속해서 증명해보고, 이 방법 저 방법으로 증명하려고 애써보는 게 우선이다. 그러면 아무리 공식을 까먹었다고 해도 쉽게 다시 유도해낼 수 있다. 그런 힘을 길러야 한다."

사람이다 보니 중요한 순간에 공식이 기억 안 날 때가 반드시 온다. 그러면 그때 옅은 알량한 기억에 의존해서 대강 공식을 짜내어 문제를 풀 것인가? 이게 가장 어리석고 무식한 방법이고, 암기에 의존한 공부의 폐해다. 오류투성이 기억을 믿지 말고, 정확하고 논리적인 증명 과정을 믿자.

암기를 최소화하라는 말은 암기를 하지 말라는 말과 동어가 아니다. 무조건적인 암기를 지양하라는 뜻으로 이해해야 한다. 이해에 기반을 둔 반복을 통해 숙달되는 암기는 지향 대상이다. 어떻게 매번 필요한 걸 유도해가며 문제를 풀까. 최대한 이해해서 지식 근간을 굳건히 하고, 이후 문제를 반복하면서 그것이 어떻게 쓰이는지 완전히 체화하는 자연스러운 암기, 그게 베스트 오브 베스트다!

실제 이를 뒷받침할 사례를 들어보겠다. 고등 수학 중에는 '점과 직선 사이의 거리'에 대한 공식을 유도하는 부분이 있다.

점 $P(x_1, y_1)$과 $ax+by+c=0$이라는 직선 사이의 거리 (d)를 구하는 식인데, 결론은 $d = \dfrac{|ax_1 + by_1 + c|}{\sqrt{a^2 + b^2}}$와 같다.

이 식의 유도 과정 논리는 간단하다. 그런데 계산은 엄청 복잡하다. 이런 문제를 풀 때마다 헷갈린다고 증명해서 쓰겠다면 답답한 노릇이다. 과정을 이해했다면 반복 적용하여 저 공식 정도는 숙지하는 것이 당연하다.

반대로 이해 없이 공식을 외우는 폐해 또한 존재한다. 이차방정식의 해를 구하는 문제 중에는 인수분해를 통한 방법, 완전제곱식을 이용한 방법, 식변형, 치환, 인수정리 그리고 근의 공식까지 몇 가지 방법이 있다. 때로는 이 몇 가지 방식을 결합해 사용하기도 한다. 이 중에서 어떤 것을 택할지에 따라 문제 풀이의 결이 달라진다. 어떤 것을 선택할지에 대한 고민이 문제를 해석하는 과정이다.

그런데 그중에서 근의 공식 하나만 주야장천 외워서 모든 것을 해결하려고 하는 (근의 공식 증명조차 이해하지 못하면서) 용감무쌍한 아이들이 있다. 이차방정식을 제대로 이해했다면 근의 공식을 사용할 경우는 의외로 그렇게 많지 않다. 이런 시야가 좁은 아이들은 2차 이상의 방정식을 접하게 되면 결코 힘을 발휘할 수가 없다.

이차방정식 근의 공식은 완전제곱꼴 형태로 식을 전환하는 과정에서 생기는 자연스러운 과정이다. 결국 인수분해나 식변형을 통해 더 쉽고 빠르게 풀이할 수 있는데도 근의 공식만 사용하려 하면 하나의 문제를 깊고 다양한 시각에서 볼 수 있는 기회를 차단하게 된다.

중요한 건 언제나 다시 한번 점검하자. 무조건적인 암송을 지양하라는 뜻을 이해하자. 이해에 기반을 둔 반복을 통해 숙달되는 암기를 지향하자.

듣자마자 머리에 집어넣으려고 기를 쓰는 아이로 키워라

필자가 현재 가르치는 아이들은 초등 3~5학년이 가장 많다. 이전에는 초등 고학년이 대부분이었는데 지금은 일부러 저학년 쪽으로 무게중심을 옮겨가고 있다. 일찍부터 학습을 경험한 초등생들인지라 자칫 잘못된 습관이 철썩 붙어버리기에 저학년 때부터 올바른 학습 태도를 가지고 공부 머리를 키워나가야 한다는 생각에 힘들지만 더 저학년, 더 어린 아이들의 수업을 맡은 것이다. 그렇게 판도라의 상자를 열어버렸다.

수학 문제 풀이보다는 쉬는 시간에 선생님 머리 빗겨주는 걸 더 좋아하고, 매일매일 안아달라고, 자기 이야기를 먼저 들어달라고 하는 귀여운 떼쟁이 저학년 아이들이지만, 수업 시간만큼은 고학년과 마찬가지로 예외 없이 행해지는 것이 있다. 바로 질문이다.

어떤 내용을 설명한 직후, 문제를 읽어주고 난 이후, 바로 책을 덮게 하고 지금 설명한 내용에 대해 무작위로 질문을 던진다. 또 문제에서의 세부 정보를 묻는다. 이렇게 질문하면 처음 이 상황을 당하는(?) 아이들은 어안이 벙벙해져서 "어, 음… 선생님, 기억이 안 나요"라고 빨개진 얼굴로 대답한다. 아무 생각 없이 선생님의 말을 그냥 '감상'만 하고 있었던 것이다. 여기까지는 아무런 의미가 없는 행위다.

이제부터가 포인트다. 다시 책을 펴고 설명을 해주거나 문제를 읽게 한다. 질문이 들어올 것을 아는 아이의 태도는 어떠할까? 곧바로 달라진다. 내가 지금 이것들을 당장 머릿속에 제대로 입력해야 한다는 간절함이 있기에 눈빛부터 태도까지 모든 것이 달라진다. 이것이 질문을 통한 효과다.

'소리'가 아니라 '의미'를 생각하고 읽어낼 수 있어야 한다. 그래서 계속 질문해야 한다. 엄마도 아빠도 선생님도. 계속 질문하면서 지금 이 내용을 머리에 넣고 있는지, 그렇게 내 아이의 머릿속에서 생각의 화학 작용이 거세게 일어나고 있는지 확인하고 또 확인해야 한다. 이런 과정을 거쳐 아이는 시나브로 생각하며 읽고, 중요한 포인트를 파악하며 듣는 습관을 가지게 된다.

들었을 때 바로 머리에 넣으려고 기를 쓰고 집중하는 아이들, 그런 아이들의 효율이 높다. 여러 번 봐야 할 것도 그 횟수를 줄여가면서 시간을 단축할 수 있고, 당연히 그 내용을 기반으로 문제에 적용하는 속도도 빠를 수밖에 없다. 이렇게 큰 공부 머리, 가성비가 뛰어난 학습 효율을 가진 아이들이 성장했을 때 얼마나 한계 없이 큰 성취를 거머쥘 수 있을지 기대가 되지 않는가? 이것이 초등 공부에서 학습 태도를 바로잡아야 하는 이유다.

선행 달리기가 급한 게 아니다. 공부 머리를 크게 키워야 선행도 의미가 있고, 심화까지 지치지 않고 내달릴 수 있다. 무엇보다 입시를 목전에 두고 있을 때처럼 중요한 시기에 남다른 목표를 향해 지치지 않고 달릴 수 있는 근간이 된다.

공부 잘하는 아이 치고 플래닝 안 하는 아이 없다

초등학교 시절, 교과서에서 칸트 이야기를 읽었던 적이 있다. 칸트의 옆집에 살던 부부가 갑자기 고장 난 시계 때문에 허둥대고 있었을 때, 산책 나온 칸트를 보고 시간을 알 수 있었다는 이야기였는데, 그게 왜 그렇게 머리 띵하게 다가왔는지 모르겠다. 허투루 시간을 날려 보내지 않고 그렇게 매일매일 시간을 계획적으로 보내야 했던 이유가 뭐였을지 궁금했다. 나한테 주어진 시간은 무한정인 것 같은데, 왜 저렇게 빡빡하게 일상을 계획하고 사는 걸까. 성공하는 사람들에게는 분명 이유가 있을 텐데 혹시 시간이 그 비밀은 아닐까. 그런 의문에 휩싸였던 초등학생 손아름이 있었다.

　그것이 시간의 중요성에 대해 고민하기 시작한 계기였다. 그리고 중학교 때는 칸트의 명언 중 'Time waits for no man'이라는 글귀를 접하게 되면서 '시간만큼 공평한 것은 없다. 이 자원을 최대한 활용하리라'는 생각을 했다. 이것이 플래너를 쓰게 된 계기였다. 그리고 그것이 스스로를 강력하게 컨트롤하면서 별 선행도 없이 입시까지 치를 수 있었던 원동력이었다고 믿는다. 지금도 하루 일과의 처음과 마지막은 플래너 계획과 정리, 피드백이다. 이건 오랫동안 변치 않는 데일리 루틴이다.

　플래닝에 대해서는 수많은 책을 찾아보기도 했고, 실제로 필자가 경험했기에 확신이 있다. **목표가 생겼을 때 플래너를 쓰기 시작하는 게 아니라 플래너를 쓰다 보면 목표가 생긴다.**

　실제로 구체적인 목표가 있어서 플래닝을 시작한 것이 아니라, 시간이 누구에게나 공평한 자원이라면 이를 극대화해서 활용할 수 있다면 미래가 달라지지 않을까 하는 막연한 기대에서 시작했다. 그렇게 시작했기에 플래너를 사용하는 내내 시행착오를 거쳤고, 그를 통해 내게 주어진 시간이 의외로 많지 않다는 무서운 현실을 깨달았다. 적어도 내가 가진 원대한 목표에 도달하려면 어느 시기까지 어느 정도의 학습량이 필요할지를 스스로 고민했고, 그렇기에 내게 주어진 시간을 더 쪼개고 쪼개야 한다는 것을 실감했다.

　아무리 계획을 잘 세운다 한들 그 계획을 따라주지 않는 집중 상태에서는 엉터리 계획이 되기 일쑤였기에 집중력을 최대치로 발휘하려면 체력과 에너지 관리가 절실했다. 그래서 덩어리 시간이 필요한 공부와 자투리 시간을 활용해야 할 공부를 분리하기 시작했고, 최대한 집중할 수 있는 덩어리 시간을 확보하고자 중요하지 않은 작은 일을 플래너 귀퉁이에 깨알같이 메모했다가 집중력이 떨어지는 시간에 한꺼번에 몰아서 처리하는 습관도 갖게 되었다.

그러면 뭔가 쌓여 있던 하루의 더께를 시원하게 몰아낸 듯해 기분이 좋아지고 에너지가 급속 충전되는 느낌이 들었다. 그렇게 충전된 마지막 에너지를 모아 미친 듯이 수학 오답 노트를 재풀이하고 또 재풀이하면서 하루를 마무리했다. 쉬는 시간에도 친구들과 너무 크게 수다를 떨거나 정신없이 놀면 다음 시간에 집중력이 떨어지고 에너지가 급감해서 차라리 짧게 잠을 자거나 멍때리는 편이 훨씬 도움이 된다는 것도 알았다.

플래너는 단순히 계획을 세우고 피드백하는 데서 그치는 것이 아니다. 한 사람의 일생을 달라지게 한다고도 감히 말할 수 있다. 비로소 플래닝에 익숙해지고, 그 효과를 성적표에 찍힌 숫자로 확인했을 때 속으로는 '이런 계획도 없이 지금 하하호호 할 때가 아니야 친구들아. 그런데 너희들은 계속 몰랐으면 좋겠다' 하며 쾌재를 불렀었다.

그래서 메모와 플래닝에 대해서만큼은 정말 중요하다고, 일찍부터 가져야 하는 습관이라고 늘 강조한다. 이 시행착오 또한 아이가 직접 거쳐야 한다. 초등 저학년 때는 아이의 모든 스케줄을 엄마가 관리하지만, 고학년으로 갈수록 아이 스스로 관리하는 역량을 키우도록 아이와 함께 하루 계획을 세우고, 그 계획들에 대해 어느 정도 만족하는지, 실행하지 못한 것은 언제 하면 좋을지 스스로 계획할 수 있도록 조금씩 시도해야 한다.

정작 입시를 앞두고 공부 잘한다는 아이들 계획표를 보면서 '나도 이제부터 플래너 좀 써야지' 하면 이미 늦었다. 지금 시작하자. 아무리 한두 줄 계획이라도 쓰고 안 쓰고는 천지 차이다.

유의미한 반복과 숙지로 효율 높여야

"지금까지 학습이 정말 잘되어 있어요. 도대체 어머님께서 얼마나 관리를 잘해주셨기에 아이가 이렇게 할 수 있는 건지 궁금해요."

이런 덕담을 건네는 상담이 가장 기분 좋은 상담이다. 그러면 반대로 가장 힘들고 마음 아픈 상담은 뭘까. 공부를 시켰는데도, 그것도 아주 많은 시간과 돈과 노력을 들였는데도 아무것도 안 한 것과 다름없을 때가 가장 마음이 아프다.

"원장님 어떻게 해야 하나요? 뭘 더 해야 할지 모르겠어요. 여기저기 구멍이 많다고 하는데, 안 시킨 게 아니거든요. 문제집을 학기별로 4~5권씩은 풀렸어요. 그래도 응용이 안 되는 것 같아서 기본 문제집 정말 많이 반복했고 연산이 부족할까봐 연산 문제집까지 부가적으로 했어요. 문제 수도 어마어마하게 풀었다고요. 도대체 뭘 더 어떻게 해야 할까요?"

그렇다면 다음을 확인해야 한다.

Q1 개념은 제대로 이해하고 문제 풀이에 들어갔는지
 (문제집에 있는 개념을 대강 보고 문제 풀이로 바로 들어간 건 아닌지)

Q2 문제는 자기가 직접 읽고 풀이한 건지
 (선생님이나 엄마가 읽어주고 중요한 부분을 다 체크해준 건 아닌지)

Q3 오답 정리는 따로 했는지, 아이가 알 때까지 반복해서 체크했는지
 (선생님이나 엄마가 다 풀어줘놓고 세모 표시를 하고 넘어간 건 아닌지)

그러면 반응이 이렇게 나온다.

A1 저는 잘 몰라요. 학원에서 다 알아서 해서 문제집만 알고, 어떻게 풀이를 했는지는 속속들이 잘 몰라요. 잘하고 있다고 해서 믿고 맡긴 건데, 어떡하죠?

A2 개념을 꼭 따로 정리해야 하나요? 저야 애가 기본 문제랑 연산도 곧잘 풀길래 개념이 되어 있다고 생각했죠. 그걸 따로 정리해가면서 봐야 하나요?

A3 틀린 문제를 다시 보기는 했는데 풀어도 또 틀리더라고요. 일단 진도를 나가야 하니까 넘어가긴 했는데, 나중에 정리하려고 했어요.

반복과 숙지는 매우 중요하다. 그것도 유의미한 반복과 숙지여야만 한다. 중1 문자와 식을 계산할 줄 아는 아이에게 중3 무리수의 계산법, 이차방정식 근의 공식 두 개만 알려주고 이차방정식 근을 구해보라고 하면 다 구할 수 있다. 그러면 이게 이차방정식을 알고 하는 것일까?

정말 말도 안 되는 소리인데 이런 형태의 공부를 아주 많이 했다면 곤란하다. 이래서 학부모가 공부해야 한다. 우리 아이에게 지금 필요한 것이 무엇인지를 알아야 하고, 그것들을 경험할 수 있도록 해야 한다. 어떤 과목이 되었든 개념 공부부터 시작해서 문제 풀이, 또 다른 풀이, 오답을 반복 숙지하는 것까지 그 모든 과정을 아이가 찬찬히 경험해가면서 앞으로의 학습 발전에 영양가 높은 밑거름이 될 의미 있는 시행착오를 겪어야 한다.

그래야 아이들이 효율적인 접근이 무엇인지, 어떤 부분에서 비로소 힘을 강하게 주어야 할지, 자신의 약점은 무엇이고 어떻게 극복해야 할지 생각하기 시작하고, 종합적으로 어떻게 해야 자신이 가장 잘할 수 있는지를 깨닫게 된다. 진짜 제대로 된 '공신'으로 거듭나게 되는 것이다.

진짜 잘하는 아이들은 과목별로 자신만의 풀이 원칙과 경험이 고도화되어 있고, 그런 경험치는 중·고등 공부를 할 때 갑자기 갖춰지는 것이 아니라 초등 공부에서부터 켜켜이 쌓아나가는 것이다. 기초 개념 없이 어떻게 문제 속 개념을 발견하고 적용할 수 있을까. 그런 경우에는 영혼 없이 문제를 풀다가 결국 생각하는 습관이 닫히게 된다. 문제집을 여러 권 풀린다고 해서 그게 무슨 공부인가.

개념부터 탄탄하게 쌓아가는 학습 태도를 가르치자. 그렇게 해야 유의미한 반복과 체계적인 숙지가 가능해진다. 초등 때부터 이렇게 하지 못한 것은 아이의 잘못이 아니라 그렇게 되도록 방치한 학부모의 탓도 크다. 그런데도 "뭘 배운 거야! 배웠는데 이렇게 못하는 게 말이 돼?"라고 아이를 윽박지르고 있다면 오늘부터 반성하고 내 아이를 위해 학습 태도를 어떻게 형성시켜줄지 공부하고 고민하자. 가장 빠른 시작은 늘 지금이다.

'학습에 대한 긍정적인 태도'가 중요하다

아이들을 가르치다 보면 지금 당장의 기억력, 이해력 등의 인지능력은 그다지 높은 수준이 아니지만 끈기, 열정, 회복탄력성, 자율성과 같은 비인지능력이 상당히 좋은 아이들을 보게 된다. 그런 아이들에게는 지금 하고 있는 과정을 꼼꼼히 관찰해 노력에 걸맞은 칭찬을 해주고, '너는 지금 잘하고 있고, 이 과정이 이어지면 더욱더 놀랍게 성장할 거야'라는 동기부여를 해줄 때 무엇보다 강력한 에너지로 성장 동력을 폭발시키게 된다. 이것이 학습에 대한 긍정적인 태도를 형성하는 첫걸음이다. 바로 '노력하니 되는구나'를 깨닫게 되는 것이다.

초등학생들은 대부분 이런 것을 가장 가까이에 있는 부모님에게 배우게 되고, 자신을 지도해주는 선생님에게도 배운다. 그래서 주변 어른들이 중요하다. 아이의 성실한 노력을 인정하고 그 노력이 계속해서 유의미하게 이어질 수 있도록 해줘야 하는데, 문제집 동그라미 개수나 시험 성적과 같은 결과로만 판단하기 시작하면 고등 이후까지 이어지는 긍정적 학습 태도를 기르는 것은 무리다.

이전과는 다른 태도로 성실하게 최선을 다해 노력한 아이가 있다. 필자가 옆에서 계속해서 지켜봤고, 아이도 자신의 노력하는 과정 속에서 점점 자신감을 붙여가고 있었다. 그런데 단원평가를 보았더니 몇몇 응용 문제에서 함정에 빠진 것이 보였고, 평소에 잘 풀던 문제였지만 시간이 부족해서인지 순간적으로 예전 습관이 발동되어 눈으로만 대강 검토하다가 놓친 문제도 보였다. 분명 아쉬운 점이 있었지만, 이전에는 잘 접근하지 못했던 복잡한 조건에서의 식 구성도 훌륭했고, 무엇보다 고질병 같았던 기하 영역에서의 놀라운 발전이 엿보였다.

그런데도 학부모에게 이 결과를 보내기가 꺼려졌다. 분명 절대적인 점수가 중요할 것이고, 반 아이들 사이에서의 등수가 우선일 것이기 때문이다. 하지만 그동안 누누이 "점수를 보지 말고 아이의 과정을 봐야 한다. 그래야 수학 공포증을 극복할 수 있다"라고 이야기해왔기에 그걸 믿고 자세한 코멘트와 함께 성적표를 발송했다. 그랬는데 아이에게 들은 이야기는?

안타깝게도 엄마한테 새벽 늦은 시간까지 "넌 도대체 뭘 한 거냐. 달라지는 게 없다. 어쩜 그렇게 연습해놓고도 또 실수하냐. 도대체 언제 잘할 거냐. 수학 머리가 없는 건지 뭔지"라는 폭언에 가까운 꾸지람을 듣고 펑펑 울다가 "한 번 더 이따위 점수 받아오면 학원 그만둘 줄 알아!"라는 이야기를 끝으로 간신히 잠을 잘 수 있었다고 했다.

정반대인 경우도 있다. 누가 봐도 수학 머리 하나는 타고났다고 생각되는 아이, 특히 대수 파트에서 출중한 능력치를 보여주는 학생의 이야기다. 이 아이는 좀처럼 노력을 하지 않는다. 가만히 앉아서 수업을 듣는 것만으로도 상당히 많은 부분을 소화할 수 있는 아이인데도, 어쩌면 그래서인지 더 많이 생각하려는 노력은 찾아볼 수 없고 문제를 풀 때도 건성건성이었다. 그러다 오답이 생기면 "아, 실수했나봐요" 하면서 대수롭지 않게 여겼다. 집에서 과제를 할 때도 귀찮다 싶으면 풀고 싶은 것만 풀어오는 일이 다반사였다.

문제는 그 부모님도 진도 나가는 데 급급할 뿐 문제 풀이부터 오답 관리까지 손 놓고 있었다. 이렇게 나가다가는 아이가 좀 더 고학년의 내용을 접하게 되었을 때 분명히 한계를 맞닥뜨리게 된다고, 지금부터 노력하는 자세를 키워야 한다고 넌지시 말씀드리면 "막상 시켜보면 곧잘 하는데, 억지로 시키면 흥미를 잃을 것 같아서요"라며 핑계를 댔다. 아이들에게 긍정적인 학습 태도를 기른다는 것은 '노력하지 않아도 언젠가는 잘될 거다'라는 근거 없는 자신감을 키워주는 것이 아닌데도 말이다.

학습에 대한 긍정적인 태도는 노력하는 과정에서만 얻을 수 있다. 정직하게 땀 흘려 노력하는 과정에서 얻어지는 자신감과 긍정적인 태도는, 무엇과도 바꿀 수 없는 스스로 얻어낸 값진 선물이다. 아이가 인생을 살아가면서 가장 필요한 것은, 실패하더라도 다시 도전하고 또 도전하는 정신이다. 그런 끊임없는 도전을 통해 스스로 성장한다는 것을 깨닫는 것이 아닐까. 그러려면 직접 시도하고 실행해야 한다.

수업을 듣는 데서 그치면 안 된다. 수업을 이해하려면 직접 손으로 쓰고 입으로 되뇌면서 정리해야 하고, 그 내용을 문제에 적용해보면서 제대로 이해했는지, 어려움은 없는지 점검해야 한다. 그렇게 해야만 그다음 과정으로 넘어갈 수 있고, 더 큰 발전을 기대할 수 있다. 또 아이의 성장을 지켜보는 부모가 지속적으로 그 과정에 맞는 격려와 칭찬을 아끼지 않을 때 계속해서 도전하려는 의지가 타오르게 된다. 비록 노력하지 않는 것이 습관이 된 아이라고 할지라도.

공부에도 역치라는 게 있다. 그 문턱값을 넘을 때까지는 눈에 성과가 잘 보이지 않는다. 역치 값을 넘어설 때까지 아이의 노력이 이어질 수 있도록, 조그마한 성장에도 이것이 얼마나 유의미한 발전인지 이야기해주고 동기부여를 해주어야 한다. 실컷 노력했는데 그 문턱값을 넘어서기 전에 부모가 제풀에 지쳐서 아이의 의욕을 꺾는 한마디를 던져버리는 것은 매우 치명적이다.

어디 그뿐인가. 아이로 하여금 정직한 노력을 기울일 수 있는 환경을 만들어주어야 할 어른들이 별다른 노력을 하지 않았는데도 성적이 괜찮게 나왔다는 이유로 잘했다고 칭찬하는 것도 문제다. 노력하지 않는 습관은 생각보다 힘이 세다. 그 못된 습관은 학년이 올라갈수록 더 강하게 들러붙어서 아이들을 망친다.

중학생 이상이나 된 아이들이 "제 딴에는 노력한 건데 도대체 뭐가 모자란 건지 모르겠어요"라고 이야기할 때는 공부 습관이나 태도가 원인인 경우가 대부분이다. 진짜 공부를 잘하기 위한 노력이 어디서부터 시작되는지도 모르면서 공부한답시고 앉아서 문제집 좀 풀었다고 공부하고 있다고 착각하는 것, 충분한 노력을 쏟아붓지도 않고 바로바로 결과를 기대하는 것, 그 모든 것이 초등 저학년 때부터 시작된 잘못된 학습 태도에서 기인한다.

최근 가장 인상 깊었던, 마음속에서 절로 존경심이 솟아오르던 한 어머님이 생각난다.

"아이 시험지를 보니까 점수가 형편없어서 놀랐어요. 사실 요즘 공부하는 모습을 보고는 기대를 했던 것도 사실이라. 그런데 선생님 말씀대로 과정을 찬찬히 들여다보니까 이전보다 훨씬 더 식이 매끄러워졌다는 생각이 들고, 거의 다 해결했는데 뭔가 하나씩 아쉽다는 생각이 드네요. 이전에는 과정만 봐도 애가 잘 모르는 채로 마구잡이로 문제를 푼다는 느낌이 들었는데 지금은 알고 푸는 것 같아요. 이전과 비교해서 점수로는 큰 차이가 없더라도 이제 거의 다 온 것 같아요. 딱 요 시기만 이겨내면 될 것 같아서 이걸로 칭찬해주었더니 아이가 막 울어요. 잔뜩 긴장해 있다가 긴장이 풀려서 그런다나요. 이번에는 개념도 잘 이해했고 문제 풀이도 수월했는데 너무 아쉽다면서 앞으로 더 잘할 수 있다고, 엄마가 칭찬해주고 알아줘서 고맙다고 하는데 제가 눈물이 났어요."

이 아이는 지금 놀라운 성장 가도를 걷고 있다. 늘 자신 없어 하던 아이의 수학에서의 작은 경험이 다른 과목까지 그대로 전이되어 엄청난 학습 가속도를 올리고 있다. 초등이라서 가능한 빠른 변화이고, 이 모든 과정을 함께 지켜보며 꼭 필요한 동기부여를 해주는 현명한 학부모가 있었기에 가능한 일이다. 이 어머님께서 얼마 전 감사 인사를 전하면서 해주신 이야기가 다시 한번 내 가슴을 두드렸다.

"그때 선생님이 과정을 꼭 봐주고 달라진 점이 보일 때 꼭 칭찬해주라고 말해주지 않았다면 어땠을까요? 저는 아마 점수만 보고 아이한테 불같이 화를 냈을 거예요. 그날 이후로 아이와 저는 이전과는 완전히 다른 세계에 살고 있는 것 같아요. 아이는 의욕이 가득하고, 저는 아이의 말을 들으면서 무엇을 더 채워줘야 할지 서로 솔직하게 이야기해요. 저랑 공부 이야기를 하는 걸 거리낌 없이 하는 것만으로도 정말 감사해요."

노력의 가치를 알고, 그 노력 안에서 자신의 성장을 믿고 계속해서 도전하는 태도를 기르는 것, 그 시작도 결국 초등 저학년 때부터다. 그리고 그 뒤에는 무엇이 아이를 위한 길인지 정확히 아는 학부모가 있다. 내 아이를 위한 학습 로드맵 전문가, 내 아이를 위한 맞춤 강사가 되는 노력도 중요하지만 무엇보다 내 아이의 긍정적인 학습 태도 형성을 위해 현명한 부모가 되어야 한다. 그런 태도를 지닌 아이라는 전제하에 학습 로드맵도, 뛰어난 가르침도 비로소 빛을 발할 수 있다. 무엇이 먼저인지를 꼭 기억하자.

부록1

2015 개정 교육과정 수학 커리큘럼

초등1~2

초등1-1

9까지의 수
여러 가지 모양
덧셈과 뺄셈
비교하기
50까지의 수

초등1-2

100까지의 수
덧셈과 뺄셈(1)
여러 가지 모양
덧셈과 뺄셈(2)
시계 보기와 규칙 찾기
덧셈과 뺄셈(3)

초등2-1

세 자리 수
여러 가지 도형
덧셈과 뺄셈
길이 재기
분류하기
곱셈

초등2-2

네 자리 수
곱셈구구
길이 재기
시각과 시간
표와 그래프
규칙 찾기

초등3~4

초등3-1
덧셈과 뺄셈
평면도형
나눗셈
곱셈
길이와 시간
분수와 소수

초등3-2
곱셈
나눗셈
원
분수와 소수
들이와 무게
자료의 정리

초등4-1
큰 수
각도
곱셈과 나눗셈
평면도형의 이동
막대그래프
규칙 찾기

초등4-2
분수의 덧셈과 뺄셈
삼각형
소수의 덧셈과 뺄셈
사각형
꺾은선 그래프
다각형

초등5~6

초등5-1
자연수의 혼합 계산
약수와 배수
규칙과 대응
약분과 통분
분수의 덧셈과 뺄셈
다각형의 둘레와 넓이

초등5-2
수의 범위와 어림하기
분수의 곱셈
합동과 대칭
소수의 곱셈
직육면체
평균과 가능성

초등6-1
분수의 나눗셈
각기둥과 각뿔
소수의 나눗셈
비와 비율
여러 가지 그래프
직육면체의 부피와 겉넓이

초등6-2
분수의 나눗셈
소수의 나눗셈
공간과 입체
비례식과 비례배분
원의 넓이
원기둥, 원뿔, 구

중1

I. 수와 연산

1. 소인수분해
   - 소인수분해
   - 최대공약수와 최소공배수
2. 정수와 유리수
   - 정수와 유리수
   - 정수와 유리수의 덧셈과 뺄셈
   - 정수와 유리수의 곱셈과 나눗셈

II. 문자와 식

1. 문자의 사용과 식의 계산
   - 문자의 사용
   - 식의 값
   - 일차식과 그 계산
2. 일차방정식
   - 일차방정식과 그 해
   - 일차방정식의 풀이와 활용

III. 좌표평면과 그래프

1. 좌표와 그래프
   - 순서쌍과 좌표
   - 그래프와 그 해석
2. 정비례와 반비례
   - 정비례
   - 반비례

IV. 기본 도형

1. 기본 도형
   - 점, 선, 면, 각
   - 점, 직선, 평면의 위치 관계
   - 동위각과 엇각
2. 위치관계
   - 점과 직선, 점과 평면의 위치관계
   - 평면에서 두 직선의 위치관계
   - 공간에서 직선과 평면의 위치 관계
3. 작도와 합동
   - 삼각형의 작도
   - 삼각형의 합동

V. 평면도형과 입체도형

1. 평면도형의 성질
   - 다각형
   - 원과 부채꼴
2. 입체도형의 성질
   - 다면체
   - 회전체
   - 입체도형의 겉넓이
   - 입체도형의 부피

VI. 통계

줄기와 잎 그림
도수분포표와 히스토그램, 도수분포다각형
상대도수분포표, 상대도수분포그래프

중2

I. 수와 식의 계산

1. 유리수와 순환소수
   - 유리수와 순환소수
   - 순환소수의 분수 표현
2. 식의 계산
   - 지수법칙

단항식의 계산
다항식의 계산

II. 부등식과 연립방정식

1. 일차부등식
    부등식의 해와 그 성질
    일차부등식의 풀이와 활용
2. 연립일차방정식
    미지수가 2개인 연립일차방정식
    연립방정식의 풀이와 활용

III. 일차함수

1. 일차함수와 그 그래프
    함수의 정의
    일차함수와 그 그래프
    일차함수의 그래프의 성질과 식
2. 일차함수와 일차방정식의 관계
    일차함수와 일차방정식
    일차함수의 그래프와 연립일차방정식

IV. 도형의 성질

1. 삼각형의 성질
    이등변삼각형의 성질
    직각삼각형의 합동 조건
    삼각형의 내심과 외심
    삼각형의 무게중심, 수심, 방심-교과 외
2. 사각형의 성질
    평행사변형
    여러 가지 사각형

V. 도형의 닮음과 피타고라스 정리

1. 도형의 닮음
    닮은 도형
    삼각형의 닮음 조건

2. 평행선 사이의 선분의 길이의 비
    평행선과 선분의 길이의 비
    삼각형의 무게중심
3. 피타고라스 정리와 활용
    다양한 피타고라스 증명법
    직각삼각형이 되는 조건
    피타고라스 정리의 활용

VI. 확률

1. 경우의 수와 확률
    경우의 수
    확률

중3

I. 실수와 그 연산

1. 제곱근과 실수
    제곱근의 뜻과 성질
    무리수와 실수
2. 근호를 포함한 식의 계산
    근호를 포함한 식의 계산

II. 인수분해와 이차방정식

1. 곱셈공식과 인수분해
    여러가지 곱셈공식
    다항식의 인수분해
    여러 가지 인수분해 (치환, 식변형, 내림차순)
2. 이차방정식
    이차방정식의 성립조건
    이차방정식의 풀이 - 인수분해
    이차방정식의 풀이 - 완전제곱꼴

이차방정식의 풀이 - 근의 공식
이차방정식의 판별식(근의 개수)
이차방정식의 근의 부호, 근의 분리
이차방정식의 활용

III. 이차함수

1. 이차함수와 그 그래프
   이차함수의 뜻
   이차함수 $y=ax^2$ 의 그래프의 이해
2. 이차함수 $y=ax^2+bx+cx$ 의 그래프
   이차함수 $y=a(x-p)^2+q$ 의 그래프
   이차함수 $y=ax^2+bx+c$ 의 그래프
   이차함수 $y=a(x-m)(x-n)$
3. 이차함수와 다른 방정식의 관계
   이차함수와 이차방정식의 관계
   이차함수와 일차함수의 관계

IV. 삼각비

1. 삼각비
   삼각비 ($sinx, cosx, tanx$)
   삼각비 사이의 관계
   삼각비의 활용

V. 원의 성질

1. 원과 직선
   원의 현
   원의 접선
2. 원주각
   원주각
   원주각의 활용

VI. 통계

1. 대푯값과 산포도
   대푯값과 산포도

상관관계

고등[수학]

I. 다항식

1. 다항식
   다항식의 연산
2. 나머지정리와 인수분해
   나머지정리
   인수분해

II. 방정식과 부등식

1. 복소수와 이차방정식
   복소수의 뜻과 사칙연산
   이차방정식의 판별식
   이차방정식의 근과 계수의 관계
2. 이차방정식과 이차함수
   이차방정식과 이차함수의 관계
   이차함수의 최대, 최소
3. 여러 가지 방정식과 부등식
   삼차방정식과 사차방정식
   연립 일차, 이차방정식
   절댓값을 포함한 일차부등식
   이차부등식과 연립이차부등식

III. 도형의 방정식

1. 평면좌표
   두 점 사이의 거리
   선분의 내분점과 외분점
2. 직선의 방정식
   직선의 방정식

두 직선의 평행과 수직
점과 직선 사이의 거리
3. 원의 방정식
원의 방정식
원과 직선의 위치 관계
4. 도형의 이동
평행이동
대칭이동

IV. 집합과 명제

1. 집합
집합의 뜻과 표현
집합 사이의 포함 관계
집합의 연산
2. 명제
명제와 조건
명제의 역과 대우
명제의 증명

V. 함수

1. 함수
함수의 뜻과 그래프
합성함수
역함수
2. 유리함수와 무리함수
유리함수의 그래프
무리함수의 그래프

VI. 경우의 수

1. 경우의 수
합의 법칙과 곱의 법칙
순열
조합

고등[수학I]

I. 지수함수와 로그함수

1. 지수와 로그
거듭제곱과 거듭제곱근
지수의 확장
로그의 뜻과 성질
상용로그
2. 지수함수와 로그함수
지수함수의 뜻과 그래프
로그함수의 뜻과 그래프
지수함수와 로그함수의 활용

II. 삼각함수

1. 삼각함수
일반각과 호도법
삼각함수의 뜻
삼각함수의 그래프
2. 사인법칙과 코사인법칙
사인법칙과 코사인법칙

III. 수열

1. 등차수열과 등비수열
수열의 뜻
등차수열
등비수열
2. 수열의 합과 수학적 귀납법
수열의 합
수학적 귀납법

부록2

백지 테스트 및 플래너 예시

백지 테스트

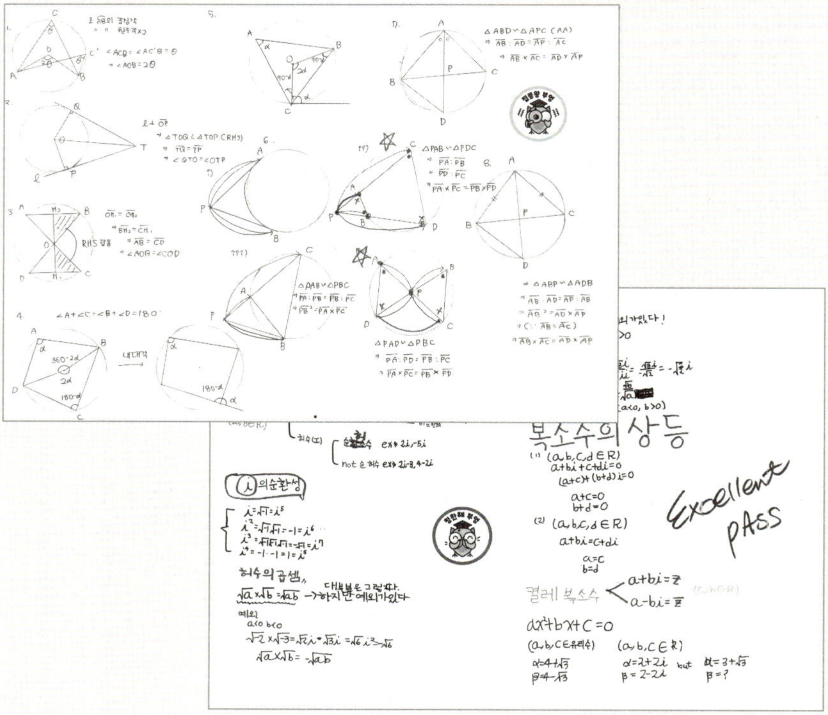

백지 테스트

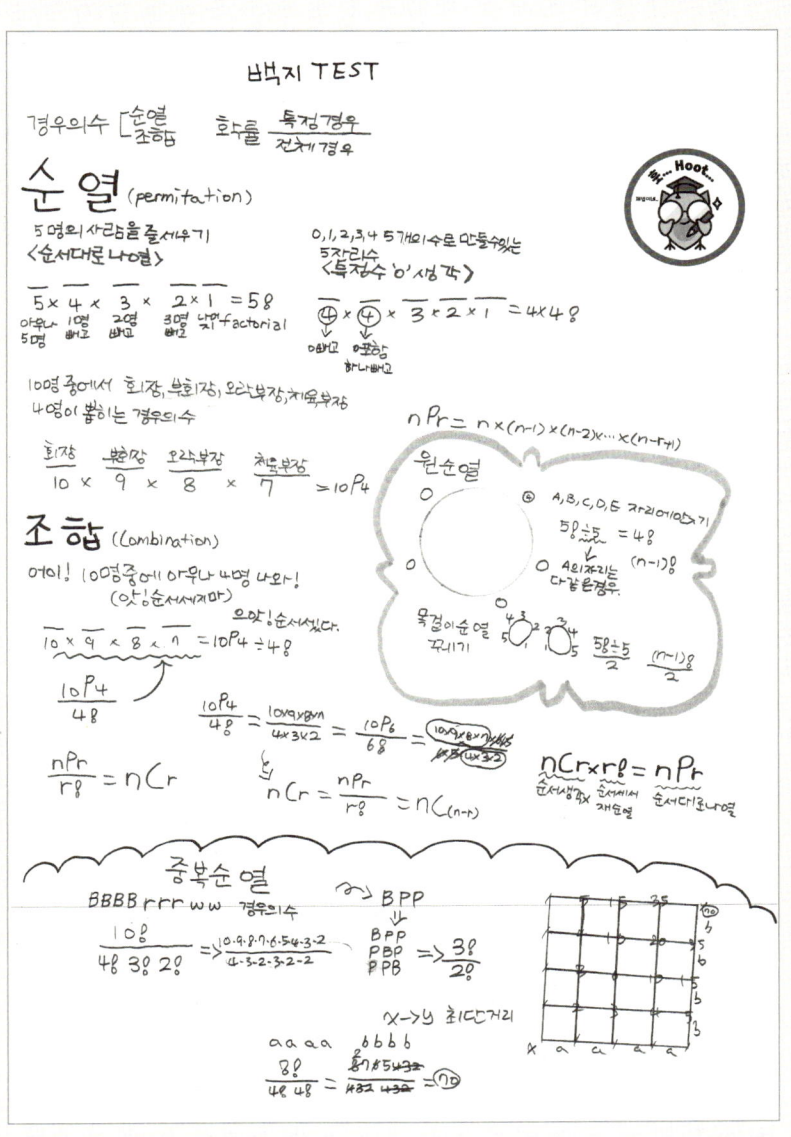

플래너

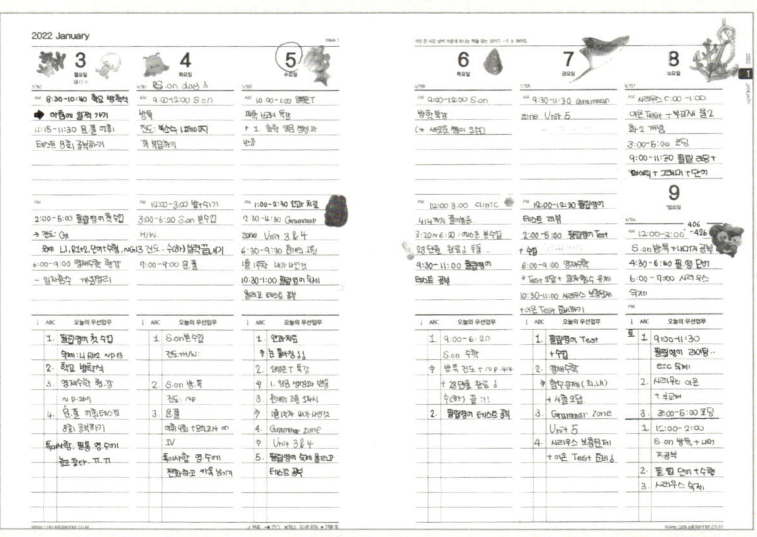

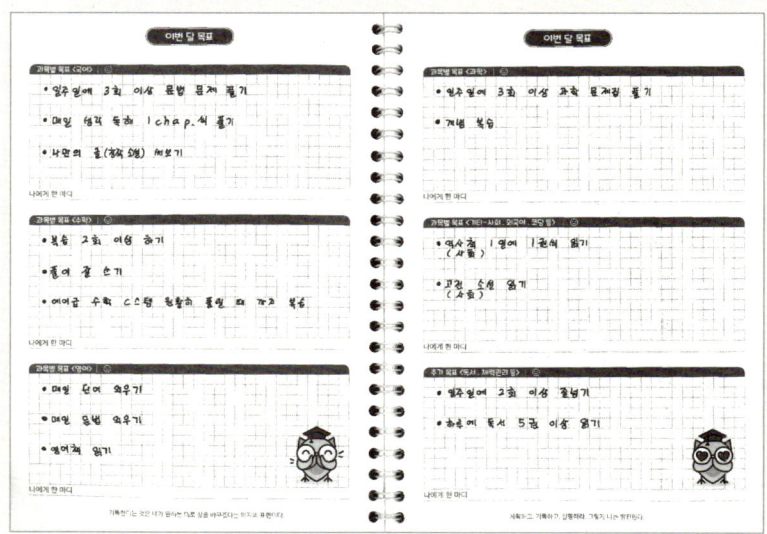

플래너

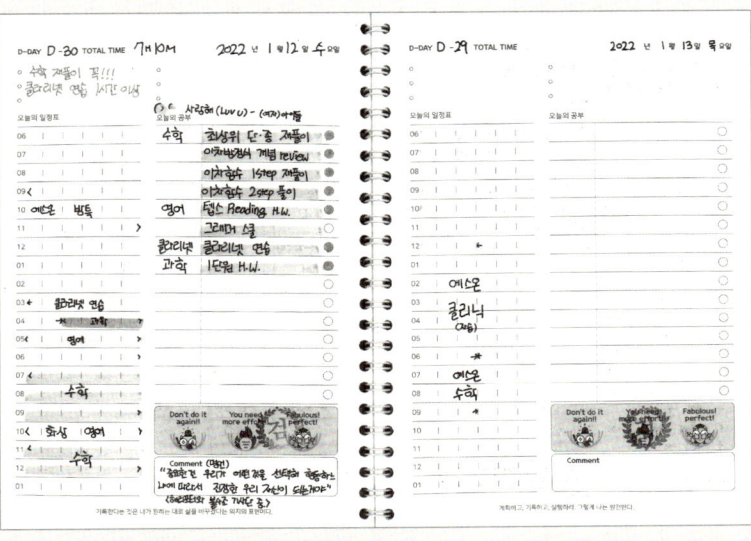

감사의 말

　책을 좋아하는 아이였던 제가 이제는 책을 쓰게 되었습니다. 힘들어도 피하지 않고 우직하게 부딪히며 한 걸음씩 나아가자는 삶의 태도는 저의 우주와도 같은 엄마가 준 선물입니다. 이 책을 쓸 수 있었던 모든 경험의 원천도 진심을 다해 걸어온 길에서 얻은 것들입니다.

　내 인생 최고의 멋진 사람, 우리 엄마. 늘 티격태격하지만 나의 가장 가까운 곳에서 나를 지켜주고 있는 남편. 언제나 내 곁을 든든히 지켜주는 전투력 만렙의 에스온아카데미 어벤저스 패밀리들. 그리고 늘 새벽 집필 시간이면 제 발밑을 지키고 있던 아침이, 싼타. 참 많이 사랑하고 고맙습니다.

　또한 저를 인생의 원픽이라고 이야기해주시면서, 함께 울고 웃으며 꼭 끌어안고 달려온 가슴 따뜻한 우리 어머님들을 비롯해 이 책을 완성할 수 있게끔 도움 주신 모든 분들에게 감사의 마음을 전합니다.

초판 1쇄 발행 2022년 02월 25일
4쇄 발행 2023년 05월 15일

지 은 이	손아름
발 행 처	타임북스
발 행 인	이길호
총 괄	이재용
편 집 인	이현은
편 집	오성임·이호정·최예경
마 케 팅	이태훈·황주희·김미성
디 자 인	하남선
제작·물류	최현철·김진식·김진현·이난영·심재희

타임북스는 (주)타임교육C&P의 단행본 출판 브랜드입니다.
출판등록   2020년 7월 14일 제2020-000187호
주   소   서울특별시 강남구 봉은사로 442 75th AVENUE빌딩 7층
전   화   02-590-6997
팩   스   02-395-0251
전자우편   timebooks@t-ime.com

ISBN 979-11-91239-56-0(73000)

※ 이 책은 저작권법에 따라 보호받는 저작물이므로 무단전재와 무단복제를 금지하며,
  이 책 내용의 전부 또는 일부를 이용하려면 반드시 저작권자와 타임북스의 서면동의를 받아야 합니다.
※ 값은 뒤표지에 있습니다. 잘못 만들어진 책은 구입하신 곳에서 바꾸어 드립니다.